少林秘传绝技丛书（二）

少林秘传五禽功

邓方华　编著

人民体育出版社

图书在版编目（CIP）数据

少林秘传五禽功 / 邓方华编著. --北京：人民体育出版社，2021
（少林秘传绝技丛书. 二）
ISBN 978-7-5009-5900-7

Ⅰ. ①少…　Ⅱ. ①邓…　Ⅲ. ①少林武术-五禽戏（古代体育）-基本知识　Ⅳ. ①G852.9

中国版本图书馆 CIP 数据核字（2020）第222049号

*
人民体育出版社出版发行
国铁印务有限公司印刷
新　华　书　店　经　销
*
880×1230　32 开本　8.75 印张　180 千字
2021 年 6 月第 1 版　　2021 年 6 月第 1 次印刷
印数：1—2,500 册
*
ISBN 978-7-5009-5900-7
定价：35.00 元

社址：北京市东城区体育馆路 8 号（天坛公园东门）
电话：67151482（发行部）　　邮编：100061
传真：67151483　　邮购：67118491
网址：www.sportspublish.cn
（购买本社图书，如遇有缺损页可与邮购部联系）

参编人员

高　翔　　丁亚丽　　高　飞

郭成敏　　高　绅　　李梦瑶

总　序

2017年1月25日，中共中央办公厅、国务院办公厅印发了《关于实施中华优秀传统文化传承发展工程的意见》（以下简称《意见》），并发出通知，要求各地区各部门结合实际认真贯彻落实，体现了党和政府对中华优秀传统文化的重视。

在国民教育方面，《意见》提出：加强中华优秀传统文化相关学科建设，重视保护和发展具有重要文化价值和传承意义的“绝学”、冷门学科。在保护传承文化遗产方面，《意见》提出：推动民族传统体育项目的整理研究和保护传承。

中华武术有着几千年的发展历史，是中华民族在社会实践中创造的宝贵财富，是中华文化的重要组成部分。少林武术作为中华传统武术的优秀代表，其秘传绝技与武学秘籍一直是武术爱好者竞相学习和研究的对象。目前在国家的重视下，少林武术发展形势良好，但也存在可供学习的少林武术书籍相对较少的问题，因此，需要对少林武术的相关技艺进行整理出版，使中华武术进一步发扬光大。

《少林秘传绝技丛书》应运而生。本系列丛书依据“健康第一”的教育理念和“便于传承与发展”的要求，邀请有关专家参与编写，披露了少林武术的多种秘法绝艺。先期出版的有《少林点穴绝技》《少林擒拿绝技》《少林擒跌绝技》《少林短打绝技》《少林腿法绝技》《少林古传擒拿与点穴》《少林古传技击术》《少林八段锦古传秘功》《少林易筋经古传秘功》等12本，第二辑包含《少林秘传童子功》《少林古传养生法》《少林秘传五禽功》等9本。这套丛书既可作为武术爱好者学习研究的参考用书，也可作为各级各类武术教员的教学用书。

本系列丛书注重图文并茂，避免抽象化和纯理论化，意在提高现代武术爱好者的学习兴趣；立足于理论联系实际，突出学以致用要则；力求简洁明晰，便于阅读，便于练习。当然，不足之处在所难免，欢迎读者批评指正，以利今后进一步充实与完善。

内容提要

五禽功，由“五禽戏”发展、演化而来，经历代养生与武林高手改进、完善，成了一种既可养生保健、延年益寿又可自卫防身、克敌制胜的中华优秀功夫。少林、武当、峨眉等武林诸派皆有此类功法，如“少林五禽功”“少林五禽内功拳”“武当五禽拳”“内家五禽功”“峨眉五禽图”“五禽秘劲图”“五禽图内功”“养生五禽舞”“秘功五禽戏”“五禽散手”等。

少林五禽功，乃是少林一派秘传，既有保健、强壮之功，又有内劲、外硬之功，既有专修之功，又有混合之功，而且衍变出不少拳种。本书专述少林五禽功，选其有代表性的四类功夫：保健功、强壮功、硬气功、内功拳。

目　录

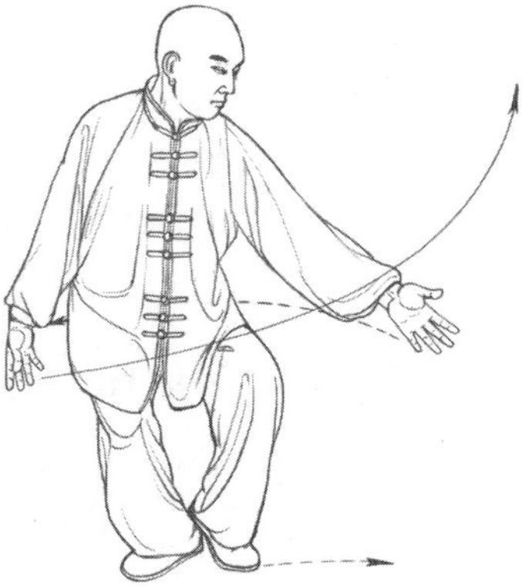

第五章 少林五禽内功拳 / 178

第一章

概述

一、五禽戏

一提起“五禽功”，读者往往会想起“五禽戏”，五禽戏大名鼎鼎、历史悠久。

据传，五禽戏为东汉名医华佗首创，迄今已有1700多年的历史，是古代著名的导引术，所以常称为“华佗五禽戏”。

民国武术家金佳福、金一明合著之《少林拳图解》记载：“发明最早、见于史书者，当推华佗（姓华，名陀，字元化）为始。华有‘虎、鹿、熊、猿、鸟五禽图戏’传于世。”

西晋陈寿著《三国志·华佗传》中记载：“吾有一术，名曰‘五禽之戏’：一曰虎，二曰鹿，三曰熊，四曰猿，五曰鸟。亦以除疾，兼利蹄足，以当导引。”

南朝宋时范晔所撰《后汉书·华佗传》记载：“广陵吴普、彭城樊阿皆从佗学。普依准佗治，多所全济。佗语普曰：‘人体欲得劳动，但不当使极尔。动摇则谷气得消，血脉流通，病不得生，譬犹户枢不朽是也。是以古之仙者为导引之事，熊经鸱顾，引挽腰体，动诸关节，以求难老。吾有一术，名五禽之戏，一曰虎，二曰鹿，三曰熊，四曰猿，五曰鸟，亦以除疾，并利蹄足，以当导引。体中不快，起作一禽之戏，沾濡汗出，因上著粉，身体轻便，腹中欲食。’普施行之，年九十余，耳目聪明，齿牙完坚。”

但华佗原传五禽戏，在现有文献上至今没见详细练法。

目前所能见到的最早载录“五禽戏法”的文献，是南北朝名医陶弘景《养性延命录》中所述：“虎戏者，四肢距地，前三掷，却二掷，长引腰，侧脚仰天，即返距行，前、却各七过也。鹿戏者，四肢距地，引项反顾，左三右二，左右伸脚，伸缩亦三亦二也。熊戏者，正仰以两手抱膝下，举头，左擗地七，右亦七，蹲地，以手左右托地。猿戏者，攀物自悬，伸缩身体，上下一七，以脚拘物自悬，左右七，手钩却立，按头各七。鸟戏者，双立手，翘一足，伸两臂，扬眉鼓力，各二七，坐伸脚，手挽足距各七，缩伸二臂各七也。夫五禽戏法，任力为之，以汗出为度，有汗以粉涂身，消谷食，益气力，除百病，能存行之者，必得延年。”但不知此五禽戏是何渊源。

单说“禽”字，应按古意。东汉《白虎通义》一书载：“禽者何？鸟兽之总名。” 东汉王充《论衡·遭虎》中载有：“虎亦诸禽之雄也。”

二、五禽功

五禽功，从现有资料看，应由“五禽戏”发展、演化而来，经历代养生与武林高手改进、完善，成了一种既可养生保健、延年益寿又可自卫防身、克敌制胜的中华优秀功夫。

现代五禽功，已经发展成为一门练法更为丰富、相对完整的象形功夫系统，不仅仅是单一的一套功法，或专为养生的导引功法。少林、武当、峨眉等武林诸派皆有此类功法，如“少林五禽功”“少林五禽内功拳”“武当五禽拳”“内家五禽功”“峨眉五禽图”“五禽秘劲图”“五禽图内功”“养生五禽舞”“秘功五禽戏”“五禽散手”等。

那么，怎样定义五禽功？笔者认为，广义上的五禽功，是指其外形模拟五禽的动作和神态，内练气劲，暗合武功机理，相融相合，相得益彰，内外兼修，练之可以取得一定功效的特殊功夫。

虽然武林中五禽功练法多样，大都以“虎、鹿、熊、猿、鹤”为“五禽”象形。取义也大同小异：虎形威猛，主练发劲；鹿形迅捷，主练活劲；熊形强壮，主练耐力；猿形灵敏，主练巧劲；鹤形轻灵，主练弹力。

注意，现代五禽功与古传五禽戏的象形，所不同的主要是变“鸟”为“鹤”，使招势更为明确具体。

三、少林五禽功

少林五禽功，更是少林一派秘传，既有保健、强壮之功，又有内劲、外硬之功，既有专修之功，又有混合之功，而且衍变出不少拳种。

如“少林虎拳”“少林黑虎拳”“少林虎形拳”“少林大

力虎爪功”“少林熊形拳”“少林鹿形养生拳”“少林白猿通臂拳”“少林白猿通背拳”“少林24势白猿拳”“南少林白鹤拳”“南少林纵鹤拳”“南少林飞鹤拳”“南少林虎鹤双形拳”“少林五形拳（龙虎豹鹤蛇）”等，不胜枚举。这足以证明五禽功在少林功夫中的不凡地位、独特作用与深远影响。

本书专述少林五禽功，选其有代表性的四类功夫：保健功、强壮功、硬气功、内功拳。

第二章

少林五禽保健功

少林五禽保健功，劲法柔和，呼吸自然，动作简练，容易学习，运动量小。

多加练习，可以利关节，舒筋肌；补真元，导内气；除疾病，化淤积；驱疲累，旺精神；养五脏，延年寿，是一种非常值得推广的养生保健功。

按传统功理，五禽保健功，以“虎、鹿、熊、猿、鹤”五功，对应保健“肝、肾、脾、心、肺”五脏。虎功主肝，疏肝易筋；鹿功主肾，壮腰健骨；熊功主脾，开胃化滞；猿功主心，安神补脑；鹤功主肺，开胸顺气。

第一节　虎功

一、虎伸腰

【练法】

1. 两脚并步，正身直立；两掌垂于体侧，呼吸自然。目视前方。（图2-1）

图2-1

2. 左脚横开一步，两脚间距与肩同宽；同时，两掌内旋，掌心向下，十指撑开，再弯曲成“虎爪”，虎口向里。（图2–2）

3. 两爪外旋，小指先弯曲，其余四指依次弯曲握拳，沿体前缓慢上提至肩前，拳面斜向上方，肘尖外展下垂。（图2–3）

图2–2

图2–3

4. 十指撑开，举至头上方再弯曲成“虎爪”，爪心向上，虎口向里。目光上视。（图2–4）

5. 两爪外旋握拳，拳心相对。（图2–5）

图2–4

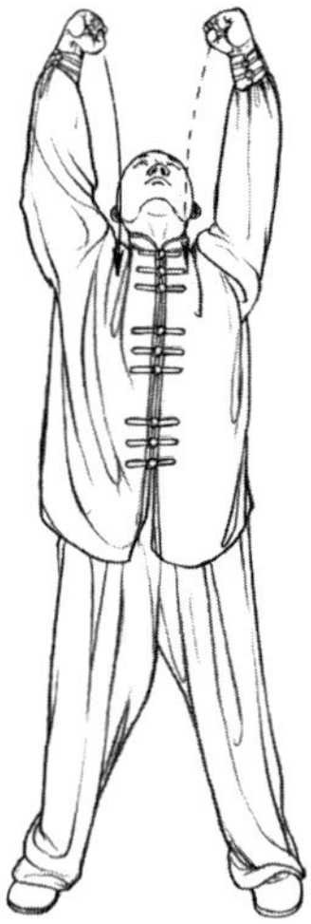

图2–5

6. 两拳下拉，至肩前时变掌，掌心向下，掌尖略相对。（图2–6）

7. 两掌沿体前下落至腹前，十指撑开，掌心向下。目视前方。（图2–7）

重复练习上述动作。（图2–2～图2–7）

图2–6

图2–7

8. 两掌放下，垂于体侧。目视前方。（图2–8）

图2–8

二、虎扑食

【练法】

1. 承接上势，两掌屈指握成空心拳。（图2-9）

2. 两拳沿身体两侧上提至肩前上方，拳心向下，拳面相对。（图2-10）

图2-9

图2-10

3. 两拳向上、向前划弧，继变成“虎爪”前伸，爪心向下；同时，上体前俯，挺胸塌腰。目视前方。（图2-11）

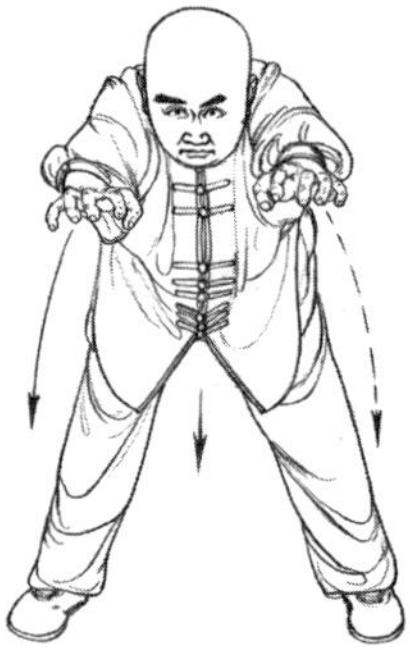
图2-11

图2-11附图

4. 两腿屈膝下蹲，收腹含胸；同时，两爪向下划弧至两膝侧，爪心向下，虎口向前。目视前方。（图2-12）

图2-12

5. 两腿伸膝，送髋，挺腹，后仰；同时，两爪握空心拳，沿体侧向上提至肩前。目视前上方。（图2–13）

6. 左腿屈膝提起；两拳上举于两耳侧，拳心向下，拳面向前。（图2–14）

图2–13

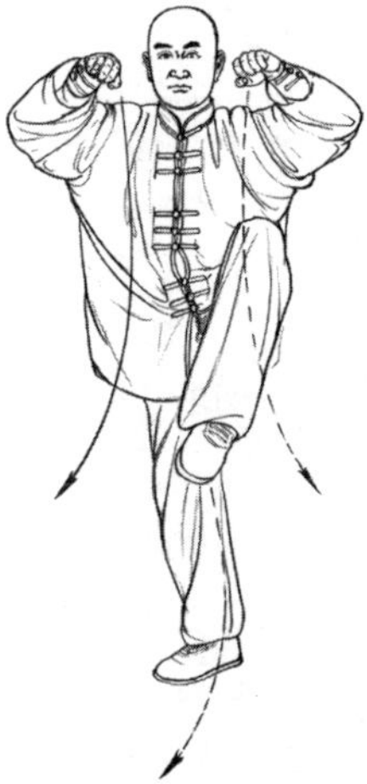

图2–14

7. 左脚向前迈出一步，脚跟着地，脚尖上翘；右腿屈膝半蹲，成左虚步；同时，上体前倾，两拳变“虎爪”向前、向下扑至大腿两侧，爪心向下，虎口在里。目视前下方。（图2–15）

8. 上身立起，左脚收回，开步站立；同时，两掌下落体侧。目视前方。（图2–16）

图2–15

图2–16

9. 接着做提右膝前扑爪，动作与上述相同，唯左右相反。（图2–17 ~ 图2–24）

图2–17

图2–18

图2–19

图2–20

图2-21

图2-22

图2-23

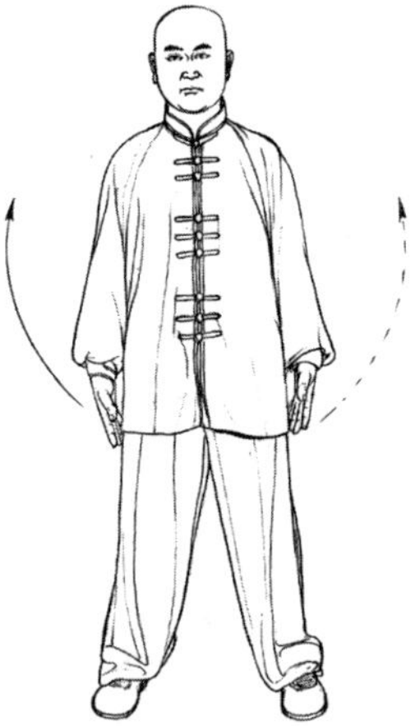

图2-24

重复练习上述动作，次数自定。

10. 两后臂贴紧两胁；两掌向身体侧前方举起，与胸同高，掌心向上，指尖向外。目视前方。（图2–25）

11. 两掌内合沿体前下按，垂于体侧。目视前方。（图2–26）

图2–25

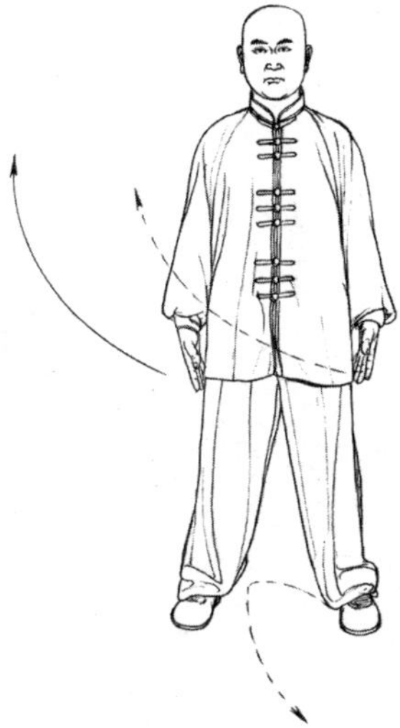

图2–26

第二节　鹿功

一、鹿抵角

【练法】

1. 承接上势，两腿略屈，身体重心移至右腿，左脚经右脚内侧向左前方迈步，脚跟着地，脚尖翘起；同时，身体稍右转，两手握空心拳，向右侧摆起，拳心向下，高与肩平。目随手动，目视右拳。（图2–27）

图2–27

2. 身体重心前移，左脚向右前方一步，脚尖外展踏实；右膝略屈；同时，身体左转，两掌成“鹿角”，向上、向左、向后划弧，掌心向外，指尖向后，左臂弯曲外展平伸，左肘抵靠左腰侧；右臂举至头前，向左后方伸抵，掌心向外，指尖向后。目视右脚跟。（图2–28）

图2–28

图2–28附图

3. 随后，身体右转，左脚收回，开步站立；同时，两手向上、向右、向下划弧，两掌握空拳下落于体侧。（图2–29）

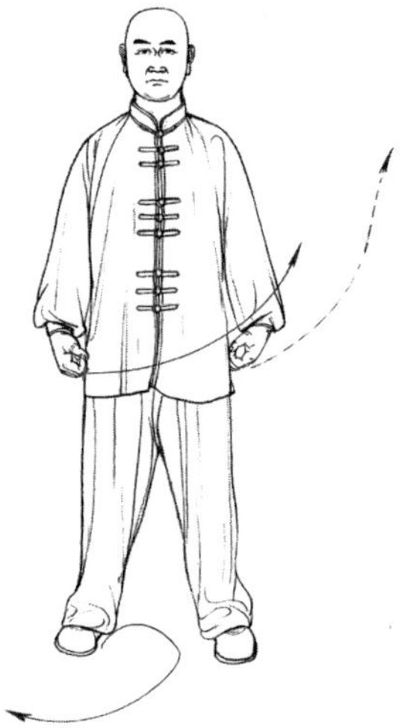

图2–29

4．接做右势，动作与左势相同，唯左右相反。（图2-30～图2-32）

左右两势重复练习。

图2-30

图2-31

图2-32

5. 两空心拳变掌，下垂体侧。目视前方。（图2–33）

图2–33

二、鹿奔蹄

【练法】

1. 承接上势，左脚前跨一步，左腿屈膝，右腿蹬伸，成左弓步；同时，两手握空心拳，向上、向前划弧至体前，屈腕，高与肩平，与肩同宽，拳心向下。目视前方。（图2-34）

2. 身体重心后移，左膝伸直，全脚掌着地；右腿屈膝，低头，弓背，收腹，臀部后坐；同时，两臂内旋，两掌前伸，掌背相对，两手变“鹿角”。（图2-35）

图2-34

图2-35

3. 身体重心前移，上体抬起；右腿挺直，左腿屈膝，成左弓步；同时，松肩沉肘，两臂外旋，“鹿角”变空心拳，高与肩平，拳心向下。目视前方。（图2–36）

4. 左脚收回，开步直立；同时，两拳变掌，回落体侧。目视前方。（图2–37）

图2–36

图2–37

5. 进右脚做右弓步“鹿奔”，动作与左势相同，唯左右相反。（图2-38 ~ 图2-41）

上述动作重复练习。

图2-38

图2-39

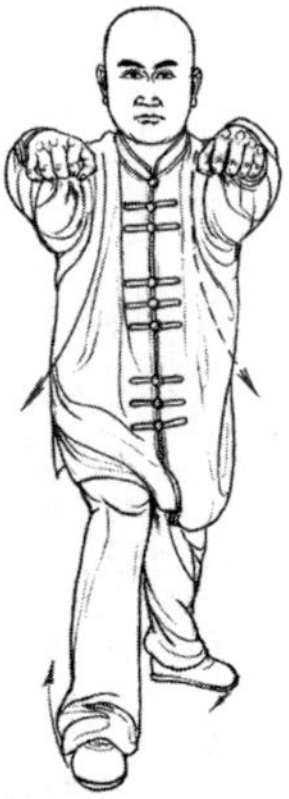

图2-40

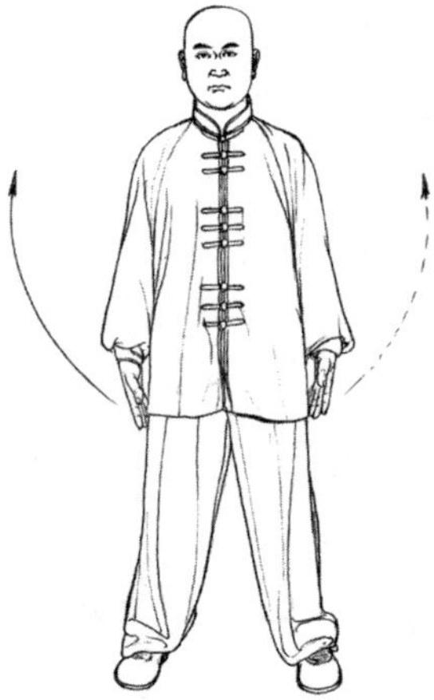

图2-41

6. 两上臂贴紧两肋；两掌向身体侧前方举起，与胸同高，掌心向上。目视前方。（图2-42）

7. 两掌内合沿体前下按，垂于体侧。目视前方。（图2-43）

图2-42

图2-43

第三节　熊功

一、熊运劲

【练法】

1. 承接上势，两掌握空心拳成“熊掌”，拳眼相对，垂于下腹部。目视两拳。（图2-44）

图2-44

2. 以腰、腹为轴，上体做顺时针摇晃；同时，两拳随之沿右肋部、上腹部、左肋部、下腹部划圆。目随上体摇晃环视。（图2-45～图2-48）

重复练习上述动作。

图2-45

图2-46

图2-47

图2-48

3. 然后，以腰、腹为轴，上体做逆时针摇晃。（图2-49 ~ 图2-52）

重复练习。

图2-49

图2-50

图2-51

图2-52

4. 做完最后一动，两拳变掌下落，垂于体侧。目视前方。（图2–53）

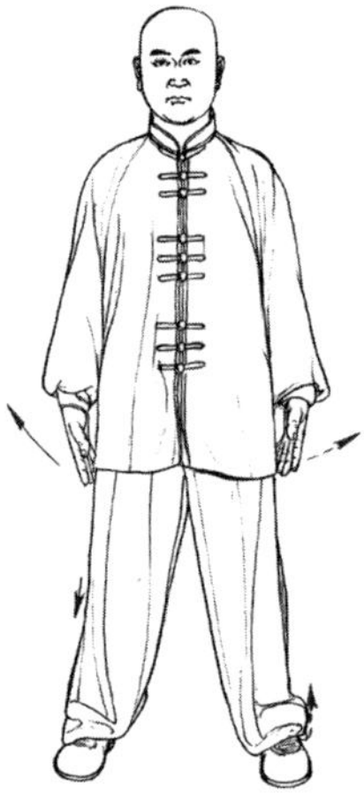

图2–53

二、熊晃身

【练法】

1. 承接上势，身体重心右移，左髋上提，牵动左脚离地，再微屈左膝；两掌成“熊掌”。目视左前方。（图2–54）

2. 身体重心前移，左脚向左前方落地，全脚掌踏实，脚尖向前，右腿伸直成左弓步；身体右转，左臂内旋前靠，左拳摆至左膝前上方，拳心向外，拳面向下；右拳摆至体后，拳心向里，拳面向下。目视左前下方。（图2–55）

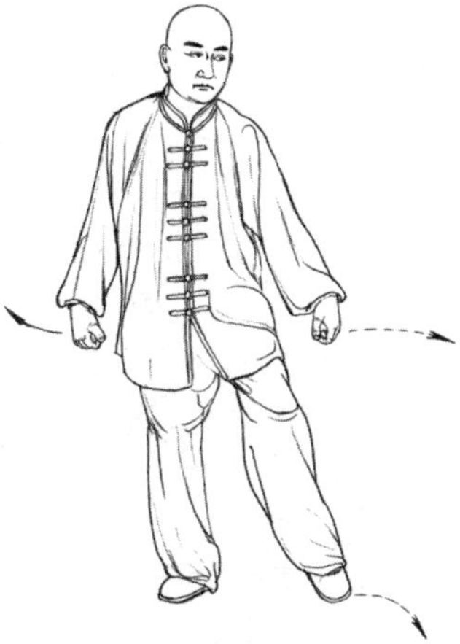

图2–54

图2–55

3. 身体左转，重心后坐，右腿屈膝，左腿伸直；同时，拧腰晃肩，带动两臂前后弧形摆动，右拳摆至左膝前上方，拳心向右；左拳摆至体后，拳心向里。目视左前下方。（图2-56）

4. 身体右转，重心前移，左腿屈膝，右腿伸直；同时，左臂内旋前靠，左拳摆至左膝前上方，拳心向左；右拳摆至体后，拳心向外。目视左前下方。（图2-57）

图2-56

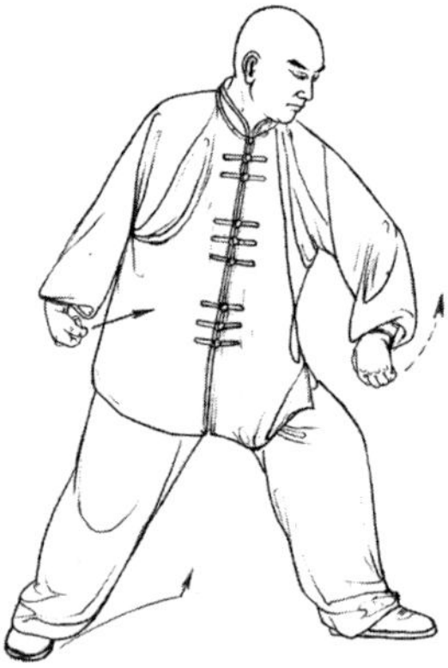

图2-57

5. 接着，右转体，做右侧熊晃势。（图2–58 ~ 图2–61）
重复练习上述左右势动作。

图2–58

图2–59

图2–60

图2–61

6. 左脚上步，开步站立；同时，两拳变掌，垂于体侧。（图2-62）

7. 两上臂贴紧两胁；两掌向身体侧前方举起，与胸同高，掌心向上。目视前方。（图2-63）

8. 两掌内合沿体前下按，垂于体侧。目视前方。（图2-64）

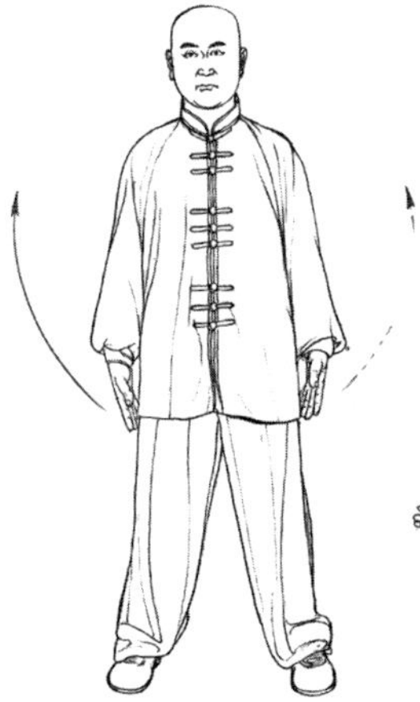

图2-62

图2-63

图2-64

第四节　猿功

一、猿提钩

【练法】

1. 承接上势，两掌在体前坐腕翘掌，十指张开，掌心向下。目视双掌。（图2–65）

图2–65

2. 两掌屈腕撮指，捏紧成“猿钩”。（图2–66）

3. 两钩手上提至胸，两肩上耸，收腹提肛；同时，两脚跟提起，头向左转。目随头动，视向左侧。（图2–67）

图2–66

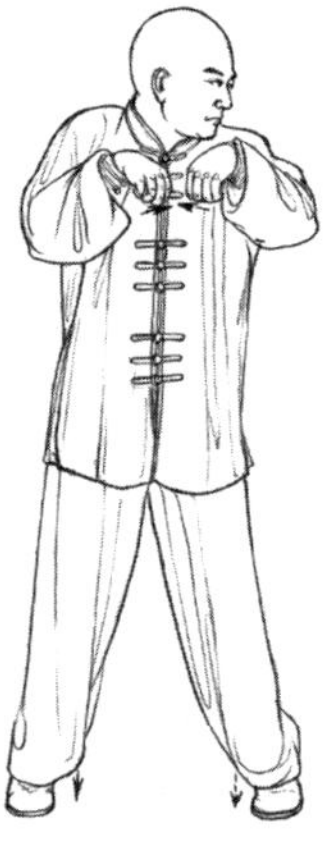

图2–67

4. 头转正，两肩下沉，松腹松胯，两脚跟着地；同时，“猿钩”变掌，掌心向下，指尖相对。目视前方。（图2-68）

5. 两掌沿体前下按，落于体侧。目视前方。（图2-69）

图2-68

图2-69

6. 然后，做右转视。（图2–70 ~ 图2–74）

重复练习上述动作。

图2–70

图2–71

图2–72

图2–73

图2–74

二、猿摘果

【练法】

1. 承接上势，左脚向左后方退步，左脚尖点地；右腿屈膝，重心落于右腿；同时，左臂屈肘，左掌成“猿钩”收至左腰侧；右掌向右前方摆划，掌心向下，高与裆平。目视右前下方。（图2–75）

2. 身体重心后移，左脚踏实，屈膝下蹲；右脚收至左脚内侧，脚尖点地，成右丁步；同时，右掌向下经腹前向左上方划弧至头左侧，掌心对左额角。目先随右掌动，再转头注视右前方。（图2–76）

图2–75

图2–76

3. 右掌内旋，掌心向下，沿体侧下按至左大腿外侧。目视右掌。（图2–77）

4. 右脚向右前方迈出一步。左腿蹬伸，身体重心前移，右腿伸直，左脚尖点地；同时，右掌经体前向右上方划弧，举至右上侧变“猿钩”，约与肩平，钩尖向下；左掌向前、向上伸举，屈腕撮钩，成采摘势。目视左钩。（图2–78）

图2–77

图2–78

5. 身体重心后移，成右虚步；同时，左钩手下落前伸臂，约与头顶平；右钩变掌，回落体前，虎口向前，指尖斜向前下方。（图2–79）

6. 身体左转，右腿屈膝下蹲；左脚跟提起，脚尖点地，成左虚步；同时，左臂屈肘收至面部左侧，掌指分开，掌心向上，成托掌；右掌经体前向左划弧至左肘下捧托。目视左掌。（图2–80）

图2–79

图2–80

7. 然后，做右手摘果势。（图2-81 ~ 图2-86）
重复练习上述动作。

图2-81

图2-82

图2-83

图2-84

图2-85

图2-86

8. 左脚向左横开一步，两腿直立；同时，两掌垂于体侧。（图2–87）

9. 两上臂贴紧两肋；两掌向身体侧前方举起，与胸同高，掌心向上。目视前方。（图2–88）

10. 两掌内合沿体前下按，垂于体侧。目视前方。（图2–89）

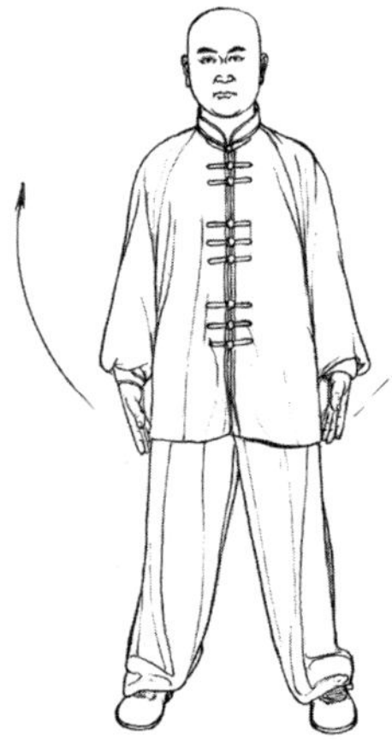

图2–87

图2–88

图2–89

第五节 鹤功

一、鹤展翅

【练法】

1. 承接上势，两腿微屈下蹲；两掌在腹前相叠，左掌心按在右掌背上。（图2-90）

图2-90

2. 两掌沿体前向上举至头前上方，掌心向下，指尖向前；同时，身体微前倾，提肩，缩项，挺胸，塌腰。目视前方。（图2-91）

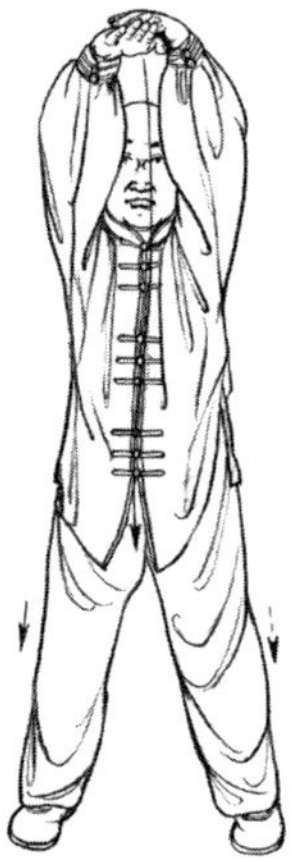

图2-91

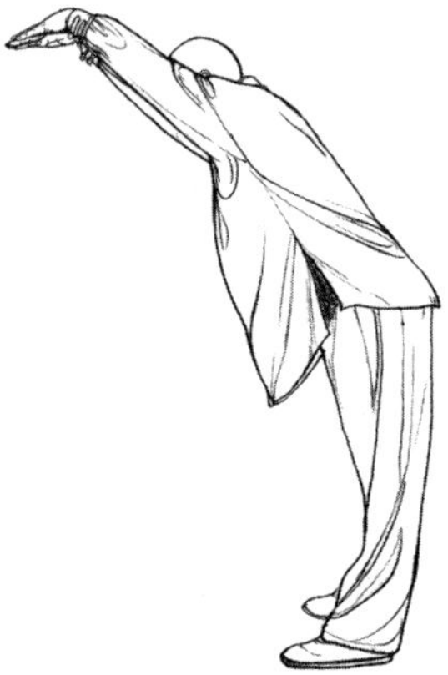

图2-91附图

3. 两腿微屈下蹲；同时，两掌相叠下按至腹前。目视前方。（图2-92）

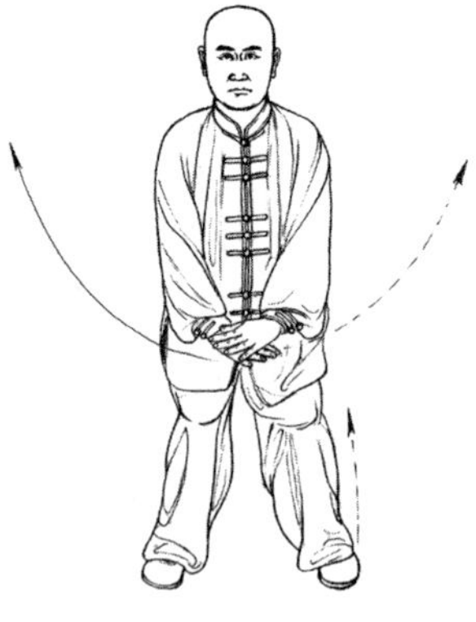

图2-92

4. 身体重心右移，右腿蹬直，左腿伸直向后抬起；同时，两掌左右分开，向体侧后方摆起，掌棱向上，抬头，伸颈，挺胸，塌腰。目视前方。（图2-93）

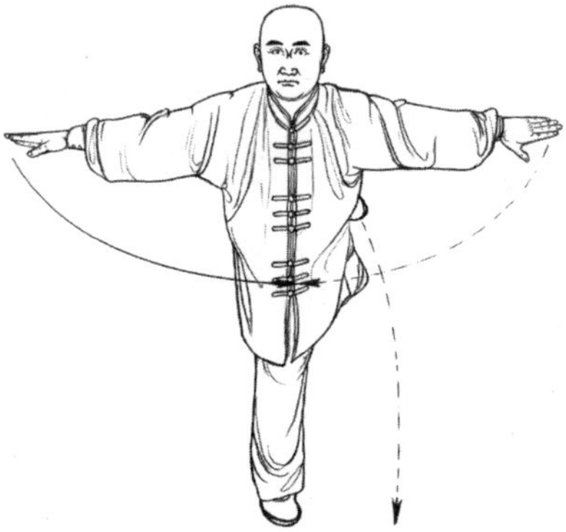

图2-93

图2-93附图

5. 放下左脚，叠掌于腹前。接做右腿后伸动作。（图2-94～图2-97）

重复练习。

图2-94

图2-95

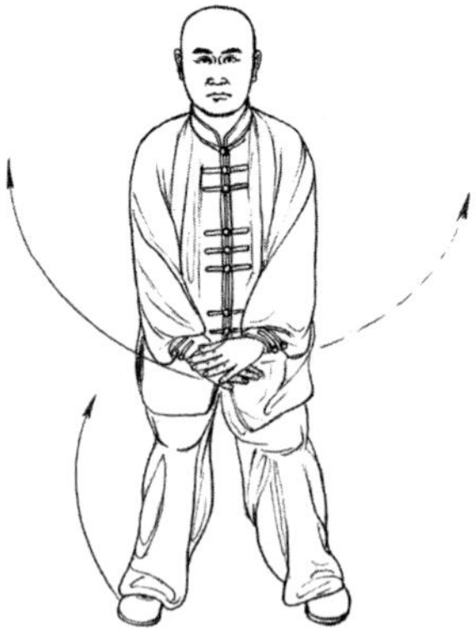

图2-96

图2-97

图2-97附图

6. 右脚落步，两脚开步站立，两掌垂于体侧。目视前方。（图2-98）

图2-98

二、鹤飞翔

【练法】

1. 承接上势，两腿微屈；两掌抱于腹前，掌心向上，指尖相对。目视前方。（图2–99）

2. 右腿伸直独立；左腿屈膝提起，小腿自然下垂，脚尖向下；同时，两掌成展翅状，在体侧平举向上，约与两耳平，掌心向下，指尖向外。目视前方。（图2–100）

图2–99

图2–100

3. 左脚下落在右脚旁，脚尖着地，两腿微屈；同时，两掌下收抱于腹前，指尖相对。目视前方。（图2–101）

4. 右腿伸直独立；左腿屈膝提起，小腿自然下垂，脚尖向下；同时，两掌经体侧，向上举至头顶上方，掌背相对，指尖向上。目视前方。（图2–102）

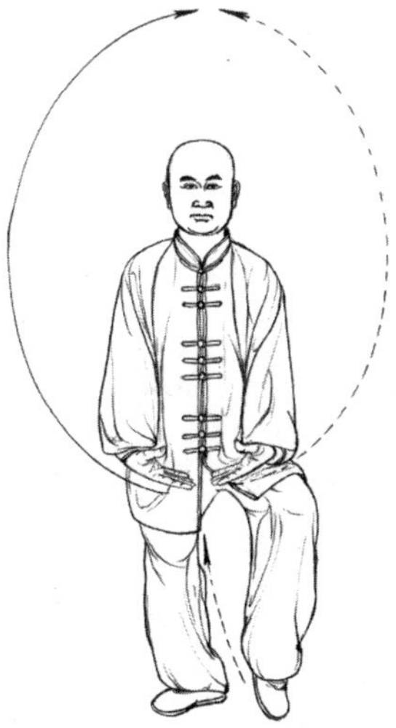

图2–101

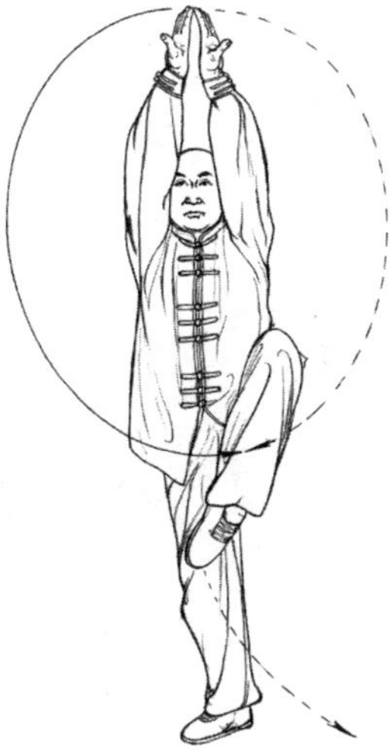

图2–102

5．左脚下落，两脚间距约同肩宽，全脚掌着地，两腿微屈；同时，两掌下收抱于腹前，指尖相对，掌心向上。目视前方。（图2–103）

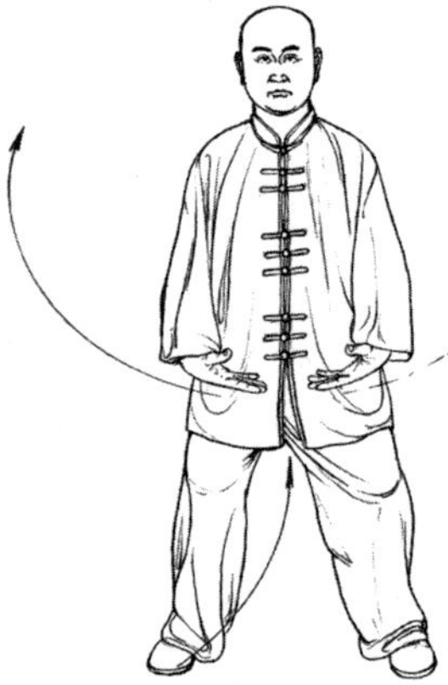

图2–103

6. 然后，练习提右腿展翅动作。（图2–104 ~ 图2–107）

重复练习。

图2–104

图2–105

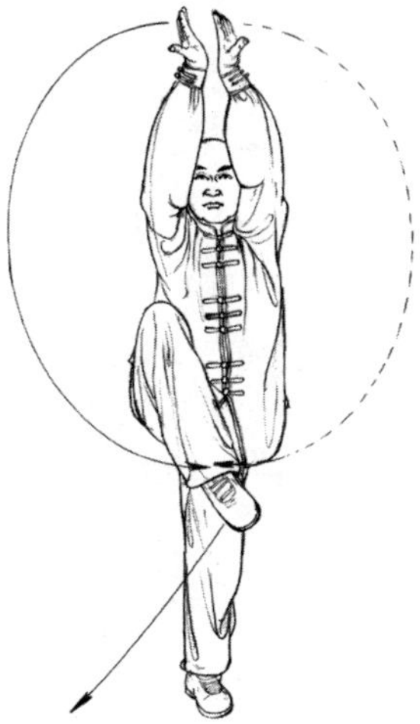

图2–106

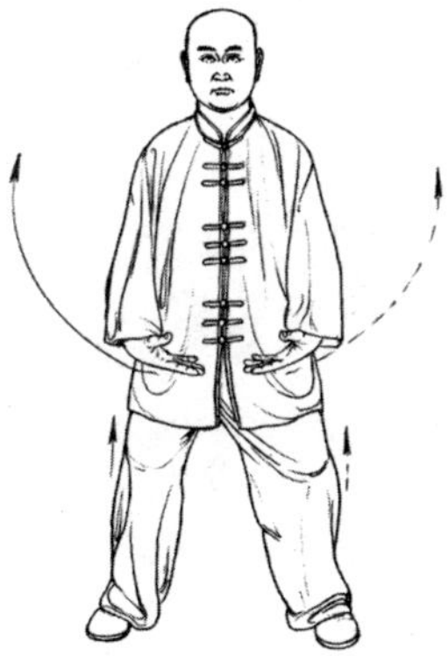

图2–107

7. 两上臂紧贴两肋；两掌向身体侧前方举起，与胸同高，掌心向上，指尖向外。目视前方。（图2-108）

8. 两掌内合沿体前下按，垂于体侧。（图2-109）

图2-108

图2-109

9. 左脚收拢并步，正身直立。本功收势。（图2–110）

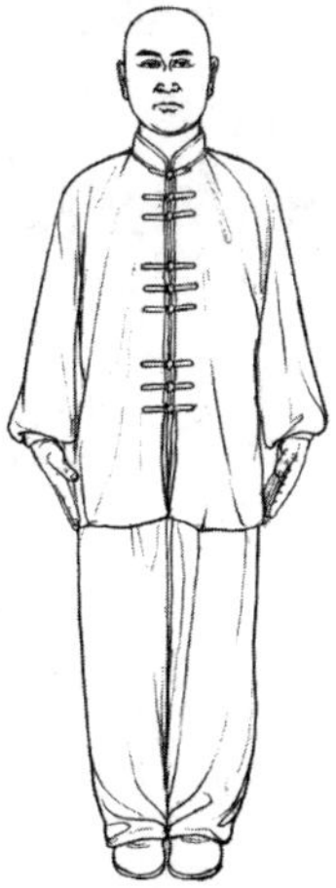

图2–110

第三章

少林五禽强壮功

少林五禽强壮功，是一种非常优秀的武术健身功法，运动量适中，刚柔相济，意力并用，体用兼顾，非常适合有一定基础的读者练习，可在短时间内起到改善体质、强筋壮骨、提高力量的功效。

练习时，动作要缓慢、连贯、圆活、顺遂，配合好呼吸与意念。每一势到位后，宜保持姿势，略停数秒，以利牵拉筋肌、锻炼肌肉、滑利关节、提高弹力、增强韧劲。

在停顿时，完成眼的动作，每一势以眼动终止；目光始终要看远，以利调节神经、增强视力、振奋精神。

第一节　虎功

虎功，要练出虎形之威猛。神发于目，虎视眈眈；威生于爪，抓捕有力。

一、上山虎

【练法】

1. 两脚并步，正身直立；两掌垂于体侧。目视前方。（图3-1）

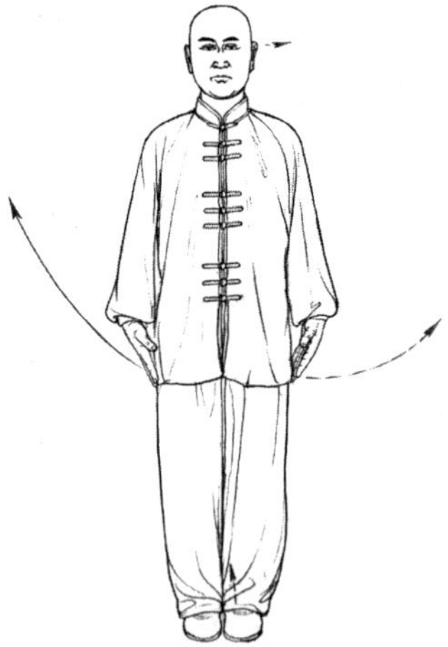

图3-1

2. 左脚跟提起，脚尖点地；右腿屈膝半蹲，身形下沉坐实，成左丁步；同时，身体左转约90°，左臂向前、右臂向后伸出，屈肘腕，臂成半弧，左腕略与肩平，右腕略高于腰。两掌在伸出过程中变成“虎爪”，爪心向下，怒目逼视前方。（图3-2）

3. 左脚向前一步，左腿伸膝，虚点地面；身体下沉，右腿屈膝半蹲，成左虚步；同时，右爪由后向上划弧，绕于前方，爪心向前，伸臂平肩；左爪由前向下划弧绕到背后，爪心向后。（图3-3）

图3-2

图3-3

4. 上动略停片刻，屈于身后的左臂在肘尖引领下用力向后方抻拉，牵动左肩向后振摆，脊柱摇撼左转，上身随着由正面略向左侧偏转，左侧锁骨尽力向后拉开，左肩胛骨尽力向脊柱挤压。右肩及右臂稍向里合。拽臂同时，瞪眼怒目。（图3-4）

5. 左虚步不变；右爪变拳前伸；左爪握拳向后伸臂，高与腰平，拳心向上。目视右拳。（图3-5）

图3-4

图3-5

6. 右脚向前迈出一步，右腿伸直，右脚虚点地面；身体下沉，左腿屈膝半蹲，成右虚步；同时，左拳外转，由后向上划弧绕于前方，突然变爪，爪心向前，伸臂平肩；右拳由前向下划弧绕到背后，与左拳同时变爪，爪心向上。（图3-6）

7. 上动略停片刻，屈于身后的右臂在肘尖引领下猛然用力向后方抻拉，牵动右肩向后振摆，脊柱摇撼右转，上身随着由正面略向右侧偏转，右侧锁骨尽力向后拉开，右肩胛骨尽力向脊柱挤压。左肩及左臂稍向里合。拽臂同时，瞪睛怒目。（图3-7）

图3-6

图3-7

二、寻食虎

【练法】

1. 左脚向前一步，落于右脚内侧前，脚尖点地；重心落于右腿，两腿半屈膝；同时，两臂迅速侧平举，左高右低，爪心向下，上体略右转，面向正前方。（图3-8）

2. 左脚跨向右脚外前方，两腿成交叉步，左腿屈膝下沉，重心在左脚，右脚跟提悬，前脚掌着地，膝部略屈；同时，右爪上举，自右向上、向左前抡动，屈肘绕额，置于右耳侧，爪心向下；左爪下落，自左向下、向右后抡动，屈肘绕至背后，爪心向后下方，横于左胯后；全身向右前方倾斜，而上身向左侧弯腰屈肋，低头回视右脚跟。（图3-9）

图3-8

图3-9

3. 两眼注视右脚跟片刻之后，猛然抬头，虎视左前远方，瞪眼怒目。（图3–10）

4. 上身右转约45°　。目视前方。（图3–11）

图3–10

图3–11

5. 两爪对应划弧，交换位置；右脚提起，自左后向左前，沿逆时针方向扫去，脚落地时两爪到位，左爪高与左耳平，爪心向下；右爪横于右胯后，爪心向上；全身向左前方倾斜，而上身向右侧弯腰屈肋，低头回视左脚跟。（图3-12）

6. 两眼注视左脚跟片刻之后，猛然抬头，瞪眼怒目。（图3-13）

图3-12

图3-13

三、下山虎

【练法】

1. 身体重心移到右腿，左脚上步于右脚前侧，提起脚跟成左虚步，右腿屈膝半蹲；同时，左爪变掌在左膝前插，指尖向下，掌心对左小腿，左臂伸直；右臂屈肘上提，右爪变拳，置于右肋侧，拳心向左，拳面向下。目视左掌。（图3–14）

2. 左脚向右跨步，两腿成交叉步，左脚尖略微外展落地放平，身体重心移向左脚，右脚跟微提悬；同时，左掌随左膝而动，始终浮于左腿前一拳远，胸部微含，左肩略沉；右臂尽力上拔，右肩略升，右拳变掌提至右胸前，掌心向上；头向左转约60°，尽力左顾。（图3–15）

图3–14

图3–15

3. 右掌向腹部穿掌而下，与左掌交叉，掌心向上；同时，身形下蹲成左歇步（大腿相叠，右膝紧靠左小腿外侧）。（图3–16）

4. 两掌翻转向下变爪，相叠于左膝前方；头自左转向右，两眼瞪眼怒目，如猛虎捕猎状。（图3–17）

图3–16

图3–17

5. 身体缓缓起立，迈右脚，向左前跨成交叉步；同时，两爪变掌在小腹前分开，右掌随右膝向左前方移动，指尖向下；左掌翻转，掌心向右，拔臂上提胸前。目视右侧下方。（图3–18）

图3–18

6. 左手向腹部穿掌而下，与右掌交叉；同时，身形下蹲成右歇步。（图3–19）

图3–19

7. 两掌翻转向下变爪，相叠于右膝前方；头自右转向左，瞪眼怒目，如猛虎捕猎状。（图3–20）

图3–20

四、回头虎

【练法】

1. 身体起立，右脚后撤一步，重心移于右腿，左前脚掌虚点地面，右腿略屈膝下沉踏实；同时，两臂侧平举，肘略屈沉，两爪左高右低，爪心向下。两目逼视左斜前方。（图3–21）

图3–21

2. 步形不变；两爪屈指握拳，伸臂平肩，拳心向下；面向右转约90° 。目视正前方。（图3–22）

3. 左脚向右斜前方上一步，重心落于右腿屈膝下蹲，臀部尽量下沉；左脚虚点地面，成左虚步；同时，两拳变爪，右爪向前、左爪向后划弧，右爪屈肘在额前上侧，左爪屈肘在腰后，右爪心向右，左爪心向后下。头部尽量左转，瞪目怒视，似猛虎发威之势。（图3–23）

图3–22

图3–23

4. 上体右转约90° ，右脚蹬力提起脚跟，上体前探；同时，右爪下沉于两眼前，爪心向下；左爪沉于左胯后侧，爪心向下。目视右爪。（图3-24）

5. 左脚跟略内转，然后，上右脚一步，成右虚步；同时，两爪划弧交换手位，左爪屈肘在额前，右爪屈肘在腰后，左爪心向下，右爪心向上。头部尽量右转，瞪目怒视，似猛虎发威之势。（图3-25）

图3-24

图3-25

第二节　鹿功

鹿功，要练出鹿形之轻捷舒展、自由奔放。

一、仰脖鹿

【练法】

1. 承接上势，两脚跟靠紧，脚尖外分，立正直身；两掌垂于体侧。（图3–26）

2. 身体重心移到右腿，左脚跟提起，成左虚步，右腿屈膝下沉坐实；同时，左手向左前、右手向右后伸出，肘、腕略屈，两手心向内（隔身相对），五指虚捏作鹿蹄状（空心拳）。两眼平视左前方。（图3–27）

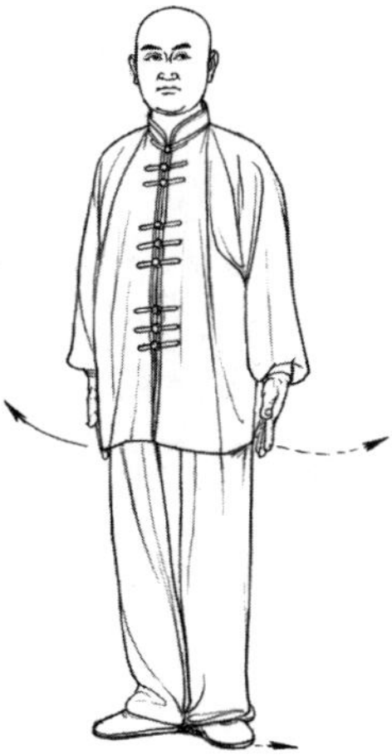

图3–26

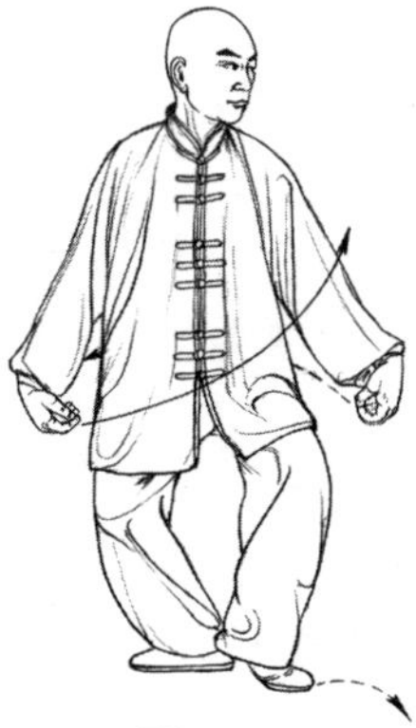

图3–27

3. 左脚向前迈出一步，脚掌着地，左腿直而虚，右腿屈而实；身形略向后倾斜，自头顶至左腿成斜直线，与地面约成60°仰角；同时，右臂经右腿外侧绕向前方，到体侧屈肘，右手沿右胸上举，到胸前时变掌，掌心向内，距胸约一拳头距离穿掌向上，与额头相平为止；左拳经左腿外侧划向背后，绕到尾椎后方变掌（与右手同时），掌心向外，指尖斜向下，掌背距尾闾约一拳头距离。目视右掌心片刻，然后向左斜视，再向右斜视，最后仍回视右掌心。（图3-28 ~ 图3-30）

图3-28

图3-29

图3-30

4. 右掌翻转屈腕，指尖内转，指尖对鼻尖。（图3–31）

5. 右脚向前方上进一步；同时，右掌经胸前划向右下方，划到右腹下变空心拳，绕到右尾椎外侧，拳心向后；左手则沿左腿外侧屈肘上举，于体侧变空心拳，至左胸侧，拳眼向上。（图3–32）

图3–31

图3–32

6. 左拳变掌，穿掌而上，至与头平；右拳绕到尾椎后方变掌（与左手同时），掌心向外，指尖斜向下，掌背距尾椎约一拳头距离。目视左掌心片刻，然后向右斜视，再向左斜视，最后仍回视左掌心。（图3-33、图3-34）

图3-33

图3-34

7. 左掌翻转屈腕，指尖内转，指尖对鼻尖。（图3-35）

图3-35

二、缩脖鹿

【练法】

1. 右脚后退一步，落于左脚跟后侧，屈膝半蹲；同时，左脚跟提起，成左丁步；左掌向左前、右掌向右后伸出，各为30°，右掌心对右大腿，左掌虎口向前。目视左掌。（图3–36）

2. 左脚向前迈出一步，平脚落地，左腿直而虚；右腿屈膝下沉屈而实；起步同时右臂自下摆向前方，手臂微屈成弧形，掌尖向前，虎口向上，掌与肩平；左臂自下摆向后方，手臂微向下屈，指尖向下，掌心向后，位于尾椎后约一拳头距离；身形微缩。（图3–37）

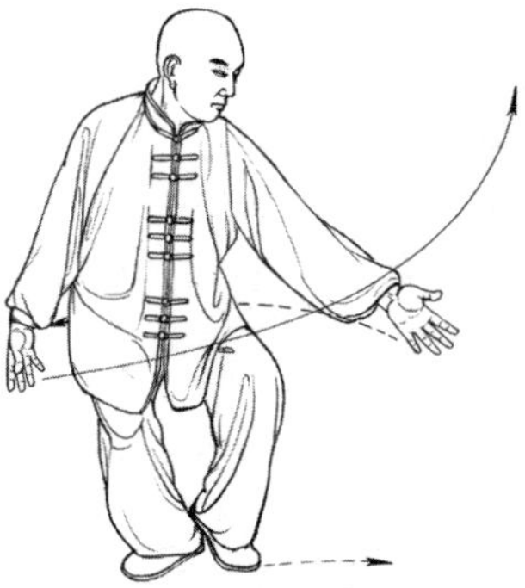

图3–36

图3–37

3. 柔力缩脖压颈，使脖筋颤动。接着眼睛先向左、再向右斜视，然后恢复平视正前方。（图3–38）

4. 立身而起；右掌向内转掌，屈腕，掌心对鼻尖。（图3–39）

图3–38

图3–39

5. 右掌绕胸前划弧摆向身后，高与胯平；左掌经左大腿外侧摆向前方，高与肩平；同时，右脚上进一步，左脚跟先略微内转，与行进直线约成20° 角。（图3-40）

6. 柔力缩脖压颈，使脖筋颤动。接着眼睛先向右、再向左斜视，然后恢复平视正前方。（图3-41）

图3-40

图3-41

三、长跑鹿

【练法】

1. 右脚向后撤退一步，落于左脚跟后侧，屈膝下沉落实；左脚跟提起，成左点步；同时，左掌变空心拳下沉于左前方，高与大腿平，拳心向后；右掌变拳下垂于右大腿外侧，拳心向前。二目平视前方。（图3-42）

2. 重心完全移到右腿，屈膝坐实；左腿屈膝向前提起（似弹腿状），两腿皆屈，成提脚步；同时，顶劲抻拉颈椎；右臂由下向正前方摆动，右拳屈腕，拳心向下，高与面部平；左臂由下向背后屈肘摆动，拳心向后，距离尾椎约一拳头。身形舒展，如奔鹿腾空跃进之势。以上动作完成后，两眼向左、右斜视，然后恢复向前平视。（图3-43）

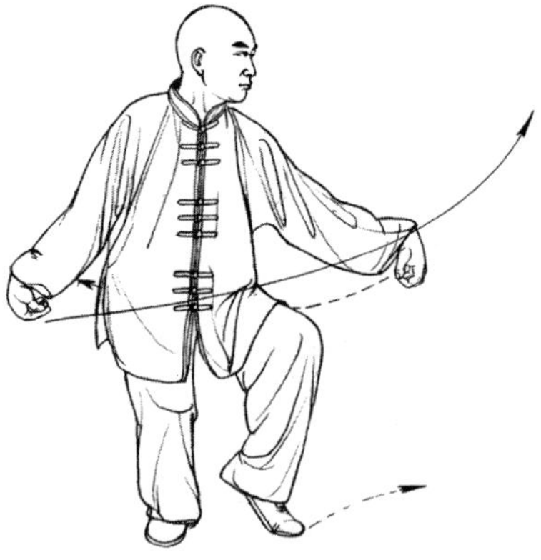

图3-42

图3-43

3. 左脚向前落步踏实，两拳变掌，上身立起前探。（图3–44）

4. 右脚向前跨出，重心完全移到左腿，屈膝坐实；右腿屈膝向前提起（似弹腿状），两腿皆屈，成提脚步；同时，顶劲抻拉颈椎。左臂由下向正前方摆动，左拳屈腕，拳心向下，高与面部平；右臂由下向背后屈肘摆动，拳心向后，距离尾椎约一拳头。身形舒展，如奔鹿腾空跃进之势。以上动作完成后，两眼向右、左斜视，然后恢复向前平视。（图3–45）

图3–44

图3–45

四、伸脚鹿

【练法】

1. 右脚落地后，迅速向后撤一步，落于左脚跟后侧踏实；左脚跟提起，成高丁步，两腿均屈膝；同时，左拳变掌下收，屈腕横于肚脐前，掌心向上；右拳沿胸前右侧屈肘向上提起至右耳侧变钩手，钩尖下对肩头。目视左斜前方。（图3-46）

2. 左脚向前迈出一大步，重心跟进，左腿屈膝成弓步；同时，右钩变掌，在体前向怀中划弧，向后屈肘撤至右上臂内侧，掌心向下；左掌上提至左胸，指尖转向前，贴右掌上方向前穿掌，手臂尽量伸直前探，高与肩平。目视左掌。（图3-47）

图3-46

图3-47

3. 重心后移，左腿直膝贴近地面，右腿尽量屈膝全蹲成左仆步；同时，身形向左前俯，左臂下降，左掌翻转探向左脚面；右臂后拉，右掌心距右大腿约一拳头远，指尖向前。目视左掌。（图3-48）

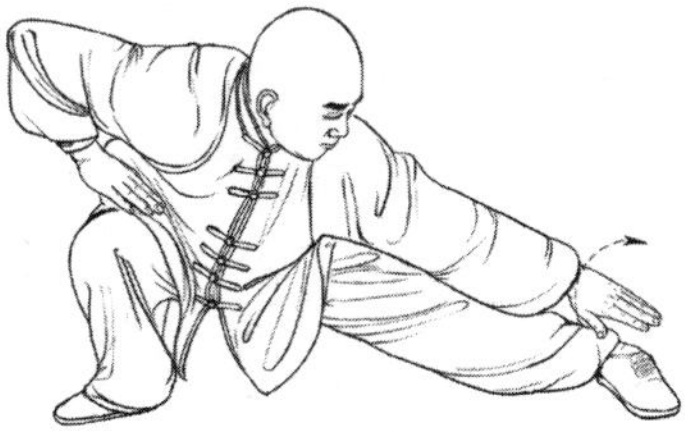

图3-48

4. 左掌五指轻拍左脚面3下，然后，左掌扬起约与肩平，左肘自然微屈，反向折腕，掌心向前凸出，虎口向下。两眼先视左侧，接着向右侧斜视，随后恢复向前平视。（图3-49）

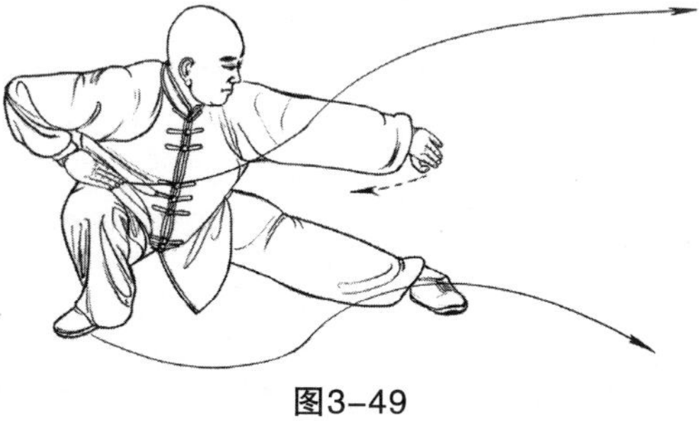

图3-49

5. 起身，重心前移，右脚向前迈出一大步，重心跟进，右腿屈膝成弓步；同时，左掌翻转向后屈肘撤回胸前，掌心向下；右掌心向上，上提至右胸，指尖转向前，贴左掌上方向前穿掌，手臂尽量伸直前探，高与肩平。目视右掌。（图3-50）

图3-50

6. 重心后移，右腿直膝贴近地面，左腿尽量屈膝全蹲成右仆步；同时，身形前扑，右臂下降，右掌翻转探向右脚面；左臂后拉，左掌心距左大腿一拳头远，指尖向前。目视右掌。（图3–51）

图3–51

7. 右掌轻拍右脚面 3 下，然后，右掌扬起约与肩平，右肘自然微屈，反向折腕，掌心向前凸出，指尖向左。两眼先视右侧，接着向左侧斜视，随后回复向前平视。（图3–52）

图3–52

第三节 猿功

猿功，要练出猿形之灵活敏捷。

一、双臂猿

【练法】

1. 起身，右脚向后撤步于左脚内侧，脚尖微外展，脚跟相距约与肩宽；同时，右掌收至腹前，与左掌一齐向前平举，高与肩平，掌心相对，与肩同宽。（图3–53）

图3–53

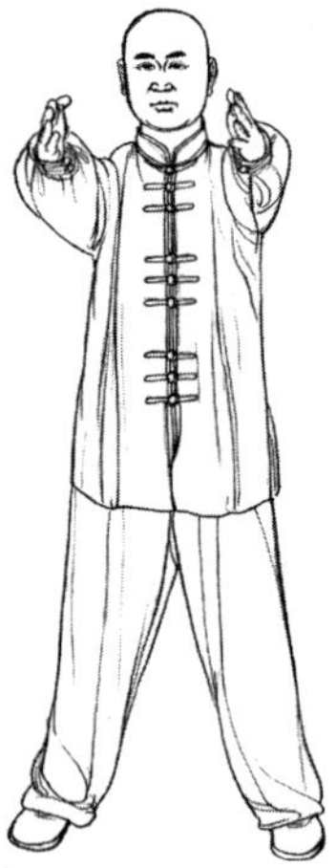

图3–53附图

2. 屈肘竖臂，两掌与前臂约垂直于地面，掌心对面，指尖与头顶相平。（图3-54）

3. 两掌屈指握拳。（图3-55）

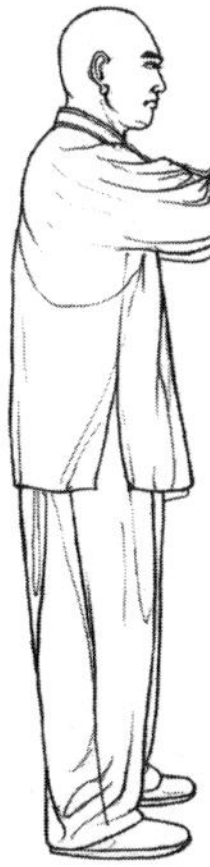

图3-54

图3-55

4. 左脚绕向右脚前外侧成交叉步，左脚尖略微外展落地放平，屈膝半蹲，重心落于左腿；右脚跟提起，前脚掌着地，屈膝成跪势；同时，两拳变掌，指尖向上，成护面势，两掌间距与肩同宽。在迈步的同时，向左扭腰转脸，眼向左平视。（图3-56）

图3-56

5. 连续眨眼3下。目光闪动后，两掌屈指握拳。（图3-57）

6. 右脚向左跨一大步成交叉步，右脚尖略微外展落地放平，右腿屈膝下蹲，重心落于右腿；左脚跟提起，前脚掌着地，左腿略屈；同时，两拳变掌，指尖向上，成护面势；向右扭腰转脸，眼向右平视。（图3-58）

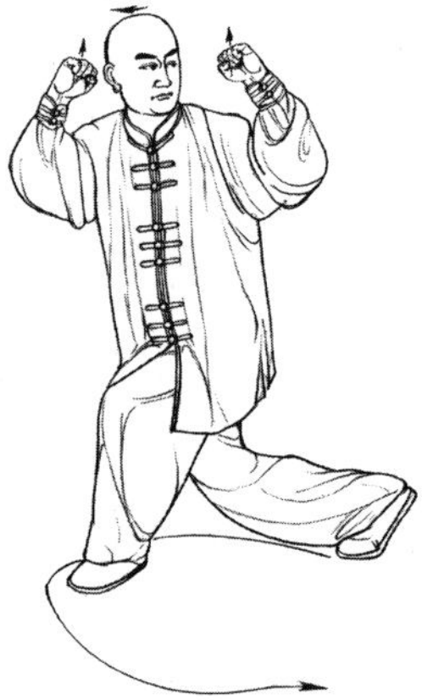

图3-57

图3-58

二、摘果猿

【练法】

1. 右脚尖外移，左脚上步于右脚内侧，身体重心移向右脚，左脚跟提起成点步，两膝半屈下沉，膝尖外展；同时，左掌屈腕成钩手，指尖轻轻捏拢下垂，屈左肘使钩手靠于胸前，腋部夹紧；右臂屈肘立于右肩侧，右掌变钩手，提至右耳侧，肘部外展，钩尖向下；同时，缩脖，含胸拔背。目视左前方。（图3–59）

2. 左脚跟落地，左腿屈膝坐实；右腿屈膝轻轻提起，右脚尖下垂点地；同时，头向左转；右手从脑后向额前划弧绕去，将至头顶时五指伸展，绕到额前停住，五指捏拢，作摘果状，手与头平，横于额前约距一拳头，手心向下。迅速眨眼3下。（图3–60）

图3–59

图3–60

3. 右手同右臂一起下落，屈肘，钩手靠于胸前；同时，左钩手贴左胸上提，至左耳侧，体右转。目视右斜前方。（图3–61）

4. 重心移于左脚，右脚向左前迈出半步，脚尖点地；同时，右钩手下落，上臂夹紧右肋；左钩手经脑后向额前划弧摘果，头自左向右转。目视右侧前方。（图3–62）

图3–61

图3–62

三、望月猿

【练法】

1. 重心移于右脚，左脚经右脚前向右绕步，右转体，左脚跟提起成点步，右腿屈膝下沉变实；同时，全身拘缩，扭头向左前顾；左钩手下落于左肋前侧，上臂夹紧，屈肘，前臂上提，左腕自然下垂；右钩手上翻于右肩前，屈肘上擎，右钩尖向下。（图3-63）

2. 左脚向左前迈出半步，脚尖点地，脚心向外；膝部内收，两膝靠近，成撇脚步；同时，身形向右方倾斜，缩脖拘身；左钩手护左肋不变；右钩手上举于头部右侧，高与头平。（图3-64）

图3-63

图3-64

歪头侧脑，双目瞅天，随即点头瞅地一眼，又立刻恢复平视；快速眨眼3次。目光闪动，看天、看地、观察敌情。

3. 左膝外展，脚跟内转，左脚迈向右脚内侧前半步，成点步；同时，左钩手护左肋不变；右钩手下落于右肩前。目视左前方。（图3–65）

4. 左脚平落于行进直线的左侧，重心移向左脚；右脚向右前跟进一步，成撇脚步，与左脚横向相距约两脚远；同时，身形向左倾斜，右臂屈腕垂手，经胸前落下，护右肋；左钩手变掌上扬，屈肘竖臂护于头面左侧，掌心对耳。目视右侧方。（图3–66）

图3–65

图3–66

歪头侧脑，双目瞅天，随即点头瞅地一眼，又立刻恢复平视；快速眨眼3次。目光闪动。

四、献果猿

【练法】

1. 右脚向左前上一步，左脚跟上一步，两脚平行开步，正身直立；同时，右钩手成掌，与左掌一齐前伸，高与肩平，掌心相对，与肩同宽。目视两掌。（图3-67）

2. 两腿屈膝蹲身，缩脖弓背；两掌外翻，十指张开，掌背相对。（图3-68）

图3-67

图3-68

3. 左脚向前方上进一步，两腿屈膝半蹲，成左虚步；同时，两掌向左右分臂，向后划至身后，约与腰平，指尖向后，掌心相对。（图3-69）

图3-69

4. 右脚屈膝向前收提；同时，两掌继续后划，屈臂后收，屈腕收于腰后，两掌背贴身。（图3-70）

图3-70

图3-70附图

5. 右脚落步于左脚内侧，并步屈膝半蹲；同时，两掌经肋侧向前上托出，掌棱相并，掌心向上，两肘微屈，掌面与眉平，成端盘献果势。（图3–71）

图3–71

然后，迅速眨眼3下，目光闪动。

6. 右脚向前一步，左脚跟抬起；两掌握拳收抱肋部，拳心向上。（图3–72）

图3–72

7. 左脚跟进一步，与右脚并步，屈膝半蹲；同时，身形右转约60°，两拳向左右横开，变成钩手，钩尖向下，高约与额平。目视正前方。（图3-73）

图3-73

8. 上体左转约90°；两钩手向前划弧，虎口转向上，钩尖对接于正前方，高约与额平，成单递献果势。这时，屈膝、弓背、缩脖。（图3-74）

图3-74

9. 两钩手变掌转腕前推，两臂成半弧平肩，指尖略相对，掌心向前。目视两掌。（图3–75）

图3–75

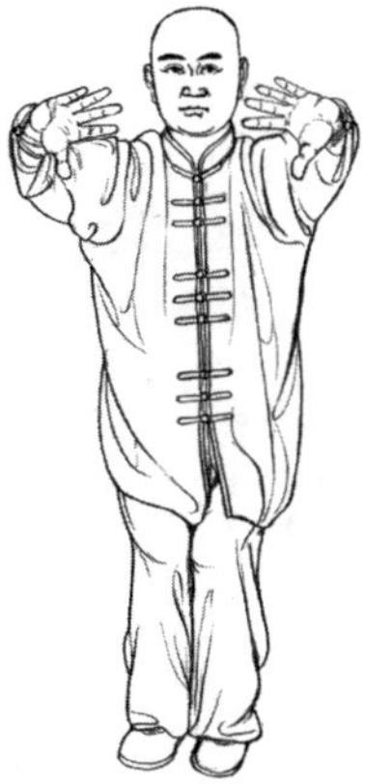

图3–75附图

第四节　熊功

熊功，要注重内劲锻炼、外观沉稳、内含气力。

一、单臂熊

【练法】

1. 左脚向前移步，提起脚跟成点步，右腿屈膝下沉变实；两上臂紧靠两胁夹紧，两掌变钩手下落，右钩手置于小腹前；左钩手前伸稍低，自然下垂，为熊掌形（空心拳）。面向前方，两眼平视。（图3–76）

图3–76

2. 左脚向前方上进一步，屈膝蹲身，成斜马步；同时，左手随左腿而动，手掌伸展，浮于左膝上方，左肩极力下沉，向左前方扛靠；右钩手垂于左肋侧。两眼平视左前方。（图3–77）

3. 右脚向前方迈出一大步，屈膝蹲身，成右半弓步，右腿为实，左腿为虚；同时，右手随右腿而动，手掌伸展，浮于右膝上方，右肩极力下沉，向右前方扛靠；左掌变钩手下垂于左肋侧。两眼平视右前方。（图3–78）

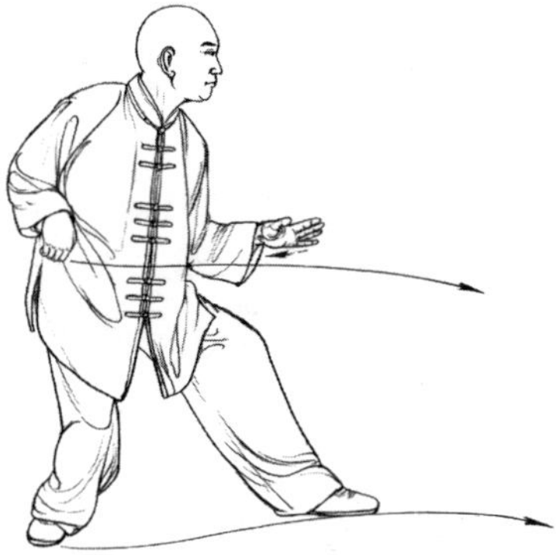

图3–77

图3–78

二、双臂熊

【练法】

1. 身体重心移到右腿，左脚上前一步，落于右脚前侧，脚尖点地成点步；右腿屈膝下沉变实；同时，两臂贴肋夹胸，屈肘悬腕，两前臂平行，十指尖自然下垂，于腹前成熊掌形，身形略向左侧偏转。二目平视左前方。（图3–79）

2. 左脚向左前方迈出半步，两脚平铺于地，屈膝下蹲，重心落在两脚之间，略偏于左，成左半马步；同时，两肘轻轻向左膝俯落，在俯落过程中，两手变掌下按，以肘带手收拉于腹前，掌心相对，指尖向前，虎口向上，两上臂保持夹胸姿势，上身微前倾。目视前方。（图3–80）

图3–79

图3–80

3. 两前臂略微上提，两手恢复十指下垂的姿势；同时，髋部完全放松，右膝向前、左膝向后，右肩向后下、左肩向前上一齐扭动，牵动臀部向右侧甩动，并且身形向右侧偏转，向右倾肩转面。二目平视右方。（图3-81）

4. 右脚借甩髋力量的带动，屈膝飘然向右前方挪移步，身体重心略微移向右脚，成右半马步；同时，两肘轻轻向右膝俯落，在俯落过程中，两手变掌下按，并排浮于右膝上方，两上臂保持夹胸姿势，上身微前倾。（图3-82）

图3-81

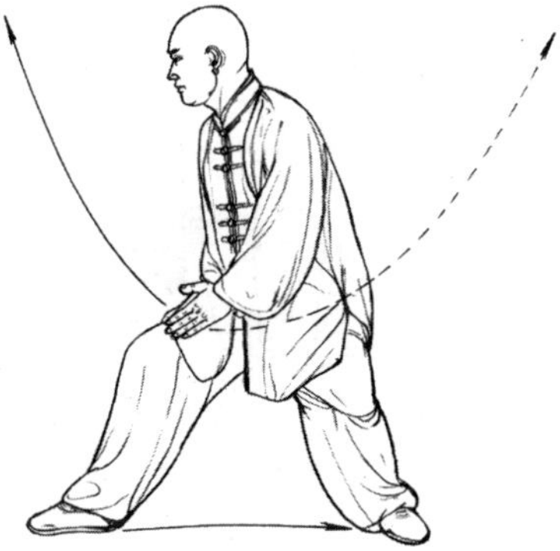
图3-82

三、摇臂熊

【练法】

1. 右脚向左脚内侧收步，立身而起，上体左转；同时，两掌向左右分展抬臂成一字平肩，掌心向下，指尖向外；两脚跟相靠，脚尖外摆，成八字步立正势。目视前方。（图3–83）

2. 左脚向左半步，两腿屈膝下沉，膝尖外摆，提起脚跟，屈膝半蹲；同时，含胸拔背，两臂屈肘垂腕略高于肩，两手十指下垂在胸前（近锁骨部位），掌背相对，相距约一拳。（图3–84）

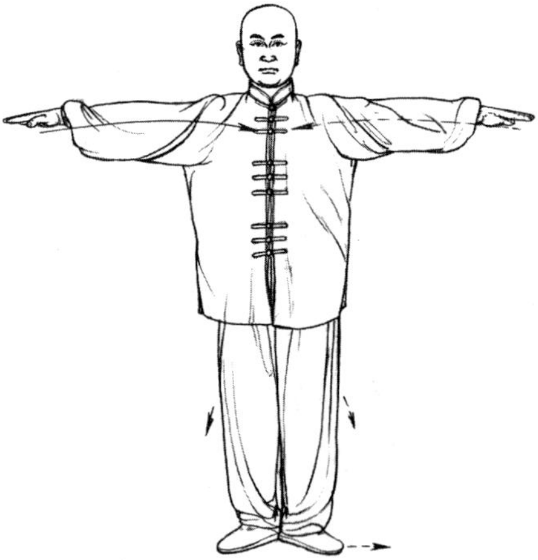

图3–83

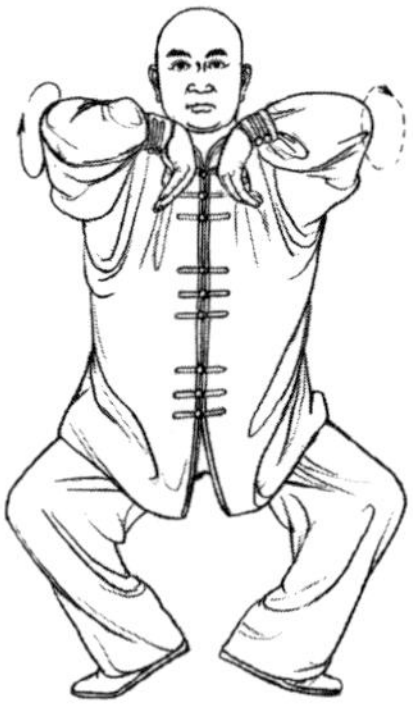

图3–84

3. 身体重心移到右腿，右脚跟落地；抬左腿向前移动半步；同时，头向左转约45°；左臂以肩为轴，肘尖由下向前上方划圆；右臂也以肩为轴，肘尖由上向后下方划圆。做到腿、肘、头部动作协调一致。（图3–85）

4. 身体重心移向左腿，左脚跟落地；抬右腿向前移动半步；同时，右转上体约90°，右肘尖由下向前上划圆，左肘尖由上向后下划圆。（图3–86）

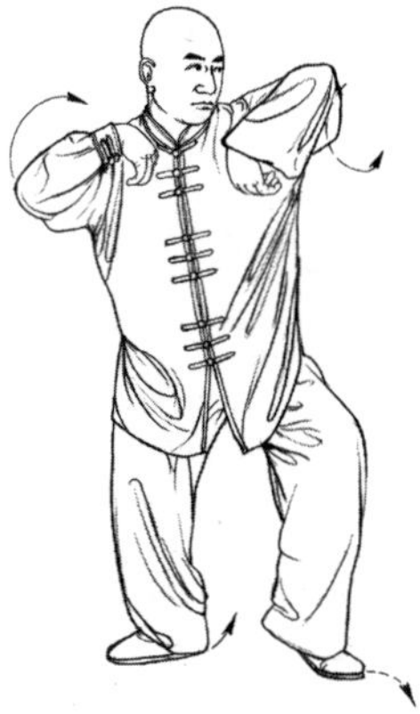

图3–85

图3–86

四、晃背熊

【练法】

1．右脚向左脚内侧收步，两脚跟相靠，脚尖外展成八字步，上体左转约45°；同时，两掌向左右展臂成一字平肩，掌心向下，指尖向外。目视前方。（图3-87）

图3-87

2. 左脚向左侧迈出一步，两腿屈膝蹲身成马步；同时，夹臂屈肘，由前胸两侧紧压胸肋，前臂向上，屈腕，指尖向下，成熊掌形，腕与肩平，略微躬身，缩脖沉颈。两眼平视前方。（图3–88）

3. 身体重心先移向右腿，左腿向左前方移运步；随即，身体重心移向左脚，以腰部为支点，上身向左侧倾晃背，弯腰屈肋。此为左晃。（图3–89）

图3–88

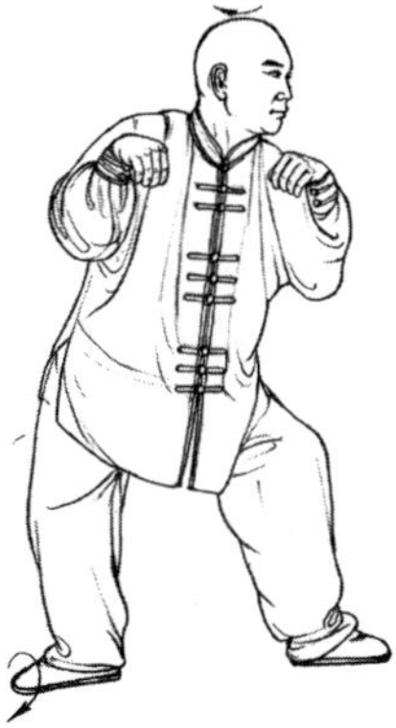
图3–89

4. 右腿顺势向右前移运步，身体重心再向右悠动。右脚落地时，左晃的上身回正。（图3–90）

图3–90

5. 左脚再顺势向左前方移运步，重心再向左悠动。当左脚落地时，以腰部为支点，上身向右侧倾倒晃背，弯腰屈肋。此为右晃。（图3–91）

图3–91

第五节　鹤功

鹤功，要练出鹤形之轻盈安详、悠然自得。

一、斜飞鹤

【练法】

1. 左脚退步于右脚内侧，两脚跟相靠，脚尖外展，伸腿立身；同时，上体左转约45°，两手变掌向左右伸展臂成一字平肩，掌心向下，指尖向外。目视前方。（图3–92）

图3–92

2. 左脚经右脚前向右斜前方跨步，成交叉步，脚尖略微外展落地放平；右脚跟提悬，重心在左脚；同时，两手屈臂交叉于面前一拳远的位置，左掌在里，右掌在外，掌心对面，指尖向上，成十字护面。（图3–93）

3. 屈膝下蹲成歇步（两大腿重叠交叉，左腿在上，右腿在下，右膝屈曲紧靠左小腿外侧，右脚跟提起，左大腿与地面平行，身形如坐）；同时，右掌划弧下撤，沿腹部绕至腰后，掌心向外，横于腰后一拳远，手掌尽力向上提、向左插，腕背对脊背；左肘上提，使左掌与前臂横于额前，翻掌成虎口向下，指尖向右，距额约一拳远。头略右转，二目向左环视。（图3–94）

4. 左掌翻转成掌心对面，指尖向上；缓缓起立，头回正；随着左肘下降，右手抽回，经右大腿外侧绕向体前，掌心向内，提至与额平。（图3–95）

图3–93

图3–94

图3–95

5. 右掌继续向左穿掌，紧贴左掌内侧，成十字交叉护面势。（图3–96）

6. 右脚向左前跨步，屈膝下蹲成歇步；同时，左掌划弧下撤，沿带脉绕至腰后，掌心向外，横于腰后一拳远，手掌尽力向上提、向右插，腕背对脊背；右肘上提，使右掌与前臂横于额前，翻掌成虎口向下，指尖向左，距额约一拳远。头略左转，二目向右环视。（图3–97）

图3–96

图3–97

二、平飞鹤

【练法】

1. 右脚向右后侧划弧收步于左脚跟内侧；左脚跟提起，脚尖虚点地面，重心落于右腿，膝部略屈沉实；同时，上体右转，两臂侧平举，两掌撮拢成钩手，身正颈直，钩尖向下。目视左方。（图3–98）

此为跃然欲飞的白鹤耸身势。两手为翅膀待展，轻轻举起，为展翅升空的预备动作。

2. 两钩手柔缓上提（肘不屈），屈腕，腕高约与眉平，钩尖仍向下；面部转向正前方。（图3–99）

图3–98

图3–99

3. 动作不停，左脚向前迈出一步，脚平落在行进直线上，腿直而虚；右脚跟步屈膝下沉，腿屈而实（此为鸡步，两脚走在一条直线上，前虚后实，总是单腿支撑全身重量）。随左脚落地时重心下降，手腕伸直，十指张开如翅，两臂舒展下落（不屈肘）与肩平。落步同时，面向左转，目视左前远方；随后，两眼向左环视，然后恢复平视。（图3-100）

4. 右脚向前迈出一步，右脚平落在行进直线上；左脚跟步屈膝下沉；同时，两臂随起步时重心上升而上举，两腕约与眉平（肘不屈），仍然作钩手，钩尖向下。（图3-101）

图3-100

图3-101

5. 随右脚落地时重心下降，手腕伸直，十指张开如翅，两臂舒展下落（不屈肘）与肩平；落步同时，面向右转，目视右前远方；随后，两眼右环视，然后恢复平视。（图3-102）

图3-102

三、旋飞鹤

【练法】

1. 右脚向右弧形退步，上体左转，右腿屈膝下沉；左腿伸膝，成左虚步；同时，右掌向左前方划弧伸直，虎口向上；左掌轮转，掌心与右掌心相对。两掌高与肩平，与肩同宽。目视两掌。（图3-103）

图3-103

2. 两掌翻转，虎口向下，五指张开，掌背相对，与肩同宽。（图3–104）

图3–104

3. 两臂缓缓外旋向身后划弧，为展翅；两掌划到背后与肩同宽时，再下降到尾椎两侧附近，十指并拢为合翅，掌心向后上方，距臀部约一拳远。在两臂外旋同时，左腿渐渐屈膝前弓，右腿渐渐伸直，重心缓缓前移，前腿弓，后腿绷，上身与后腿成一直线。然后两眼向左环视一周，恢复平视正前方。（图3–105）

图3–105

4. 右脚向前方上进一步，重心落于左腿，屈膝半蹲，成右虚步；同时，两臂向前扬起（为提膀）至与肩平，与肩同宽，身正颈直。目视前方。（图3-106）

5. 两掌翻转，虎口向下，五指张开，掌背相对，与肩同宽。继两臂缓缓外旋向背后划弧，为展翅；两手划到背后与肩同宽时，再下降到尾椎两侧附近，十指并拢为合翅，掌心向后上方，距臀部约一拳远。在两臂外旋同时，右腿渐渐屈膝前弓，左腿渐渐伸直，重心缓缓前移，上身与后腿成一直线。然后两眼向右环视一周，恢复平视正前方。（图3-107）

图3-106

图3-107

四、高飞鹤

【练法】

1. 右脚后退一步，与左脚跟相并，脚尖外展，成立正势；同时，两掌从体后收至胸前交叉，继向左右展臂，左高右低成一斜直线，左掌略高于肩，右掌略低于肩，掌心皆向下，指尖向外。目视左掌前方。（图3–108）

2. 左脚向前一步，将脚落在行进直线上，左腿直而虚；右腿屈膝下沉，屈而实；同时，两手转掌屈肘移向面前，右掌心抱贴左掌背，掌心对鼻尖约距两拳远，指尖向上高于额头。（图3–109）

图3–108

图3–109

3. 右腿缓慢蹬直，右脚跟提起，将身体重心移向左腿；两掌缓慢下压，至腹前十指张开。随即两臂向体侧扬起与肩平，掌心向后（为展翅）；伸颈抬头，脊柱略成反弓形；同时，稳固左腿重心，右腿屈膝向后抬起，脚心向上，伸出成探身平衡势。然后，双眼向左环视一周，再恢复向前平视。（图3-110、图3-111）

图3-110

图3-111

4．右腿下落并向前迈出，上身直起；两手下落，转掌屈肘，右掌在内，左掌在外，于面前抱贴竖掌。（图3-112）

图3-112

5. 左腿缓慢蹬直，左脚跟提起，将身体重心移向右腿；两掌下压，至腹前十指张开。随即两臂向体侧扬起与肩平，掌心向后（为展翅）；伸颈抬头，脊柱略成反弓形；同时，稳固右腿重心，左腿屈膝向后抬起，脚心向上，伸出成探身平衡势。然后，双眼向右环视一周，再恢复向前平视。（图3–113、图3–114）

图3–113

图3–114

6. 左脚落步于右脚内侧，两脚相并，伸腿直立正身；同时，两掌弧形收于胸前，掌背相贴，指尖向上。（图3–115）

7. 两掌下落，垂于体侧。本功收势。（图3–116）

图3–115

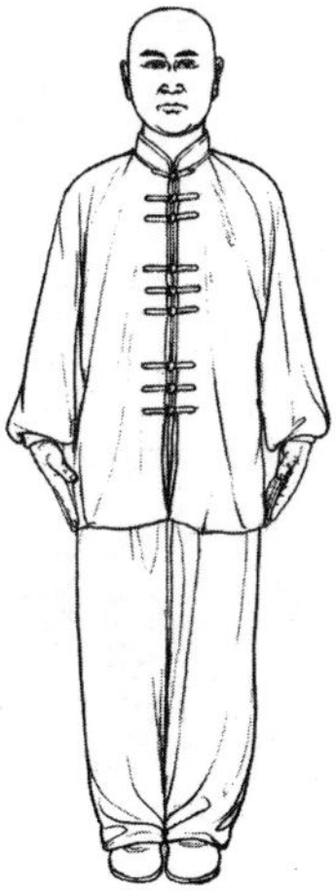

图3–116

第四章

少林五禽硬气功

五禽硬气功，属少林硬气功秘传，以五禽之形融入内功要诀与外功排打，以期达到内练气力、外抗重击的武术功效。

今参照民国王礼庭石印版《五禽图》，整理出来，献于同道。不当之处，敬请指正。

第一节　鹿功

一、内功

【练法分解】

1. 预备势：两脚并步，正身直立；两掌垂于体侧；头稍向前低，目光下视，下颌内含。全身放松，呼吸自然，意守丹田，静立数分钟。（图4-1）

图4-1

图4-1附图

2. 上体稍向前倾，全身重心前移，十趾抓紧地面；两掌同时缓缓向里合抱，置于裆前，手指稍向内屈，掌心向上，指尖相对，掌不挨身；双掌从体侧一动，即开始缓缓吸气。定势时，把气吸满。（图4–2）

3. 接上动，缓缓呼气；同时，双掌缓缓上移，约与肚脐平。定势时，把气呼净。（图4–3）

图4–2

图4–3

4. 接上动，吸气；同时，向前俯腰，两掌伸臂下沉，触及脚面。初练时，不要勉强，前屈角度随意。（图4-4）

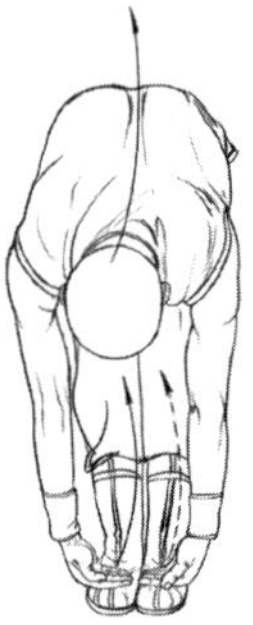

图4-4

5. 接上动，呼气；同时，两掌向上、向前，举过头顶，两臂伸开，掌心向下，指尖仍相对；上身立起，仰头。目光上视。（图4-5、图4-6）

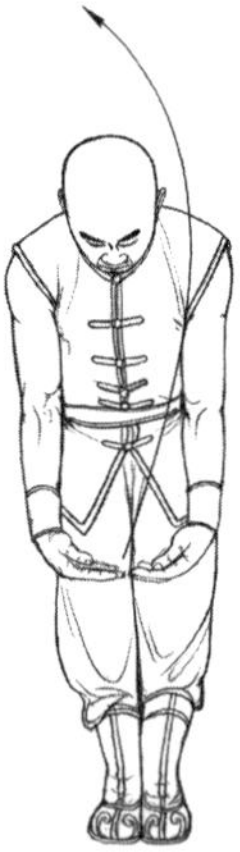

图4-5

图4-6

6. 接上动，吸气；同时，两掌沿面门而下，经胸、腹至裆为度。目光下视。（图4-7～图4-9）

图4-7

图4-8

图4-9

7. 接上动，呼气；同时，两掌上移至肚脐处，沿带脉左右分开，置于腰际，肘节稍屈，指尖斜向前，掌心向下，掌根下按；身略前倾。（图4-10、图4-11）

图4-10

图4-11

8. 接上动，吸气；同时，双腿屈膝半蹲；两掌从腰际向上提至胸际，掌心向下。吸气不停；左脚向左跨一大步，两膝仍屈；两掌在胸前交叉，成十字手，右外左里，两腕相靠，两掌心斜向外。（图4–12、图4–13）

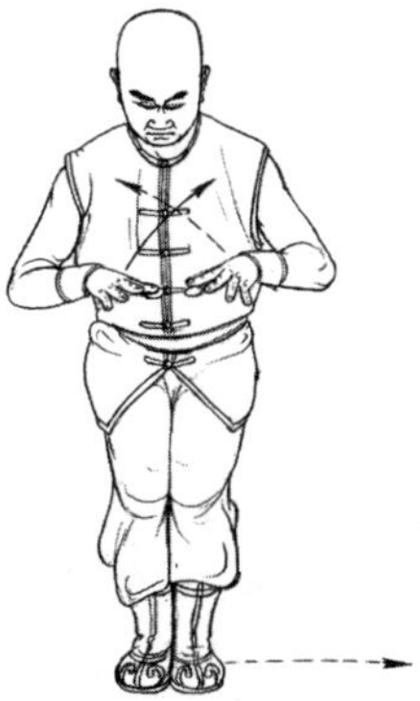

图4–12

图4–13

9. 接上动，呼气；同时，两掌从胸前向下，左右分开至两膝前侧方，掌心向后，指尖向下。（图4-14）

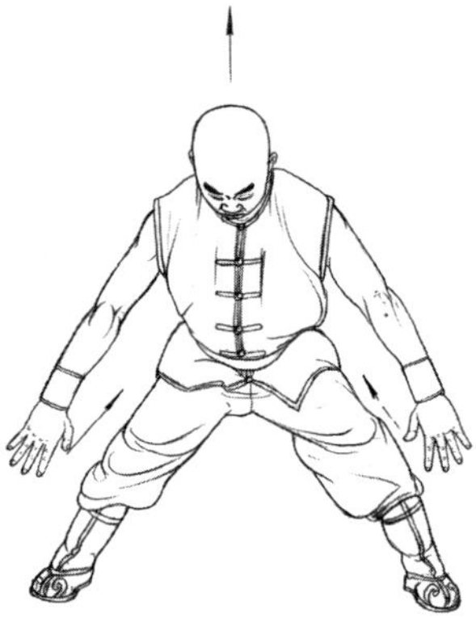

图4-14

10. 接上动，吸气；同时，两掌沿体侧上提，至两肩前，屈肘屈腕，掌心向下。（图4-15、图4-16）

图4-15

图4-16

11. 接上动，呼气；同时，两掌向左右平伸，两臂平肩，掌心向下，指尖向外。（图4–17、图4–18）

图4–17

图4–18

12. 接上动，吸气；同时，两掌向前移动至胸前方，交叉相合，右掌在上，掌心向下，指尖向前。（图4-19）

图4-19

13. 接上动，呼气；同时，两掌分开，屈指握拳，拳心向上，缓缓拉回腰际；低头，腰稍前俯；屈膝，坐胯。（图4–20～图4–22）

图4–20

图4–21

图4–22

14. 接上动，吸气；同时，左脚里收，两脚相并；两拳弧形下抱于两膝前下方，拳心向上，拳眼向前。双目下视。（图4-23）

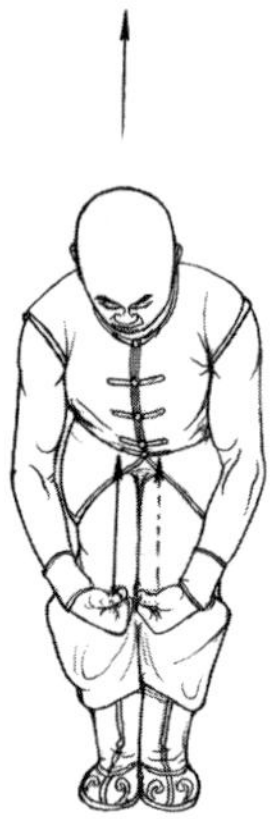

图4-23

15. 接上动，呼气；同时，上体缓缓伸立，双拳上提至裆前，两拳相接，拳心向上。随即翻转，上提至胸前，拳心相对，拳面向上。（图4-24、图4-25）

图4-24

图4-25

16. 接上动，吸气；同时，双拳提至下巴前；随即两肘向左右抬起，比肩稍高，两拳面相对，拳心向下；继翻转下落至咽喉前，拳心向内，拳眼向上。（图4–26～图4–29）

图4–26

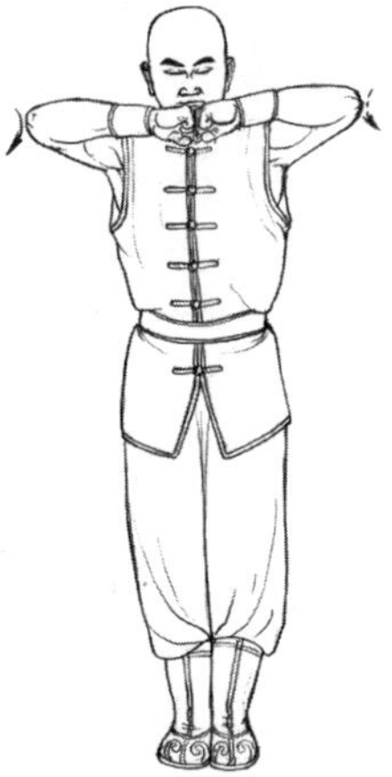

图4–27

图4–28

图4–29

17. 接上动，呼气；同时，两拳左右分开，至两腋前；随即松拳为掌，插向腰后，虎口交叉，右掌背贴左掌心，左掌背贴腰，轻抚而下，垂放体侧。（图4-30～图4-33）

图4-30

图4-31

图4-32

图4-33

鹿内功至此练毕，是为一遍。

反复连续练习，次数自定。

二、排打

五禽硬气功是内功与排打两者相结合的功夫。内功以五禽之形练气，导气贯劲；排打是在内功基础上，进一步运气增劲，由内及外，练外补内，相得益彰。

五禽功排打的主要部位为：腹部、胸部、肋部、腰部、背部。

五禽功排打的主要方法：初用掌排；再用拳排；最后用铁砂袋排打。

（一）铁砂袋

五禽功排打所用的铁砂袋，与练习铁砂掌等武功常用的方形袋不同，要做成长形圆袋，更方便以手执袋。重量由读者自行把握，先轻后重。（图4-34）

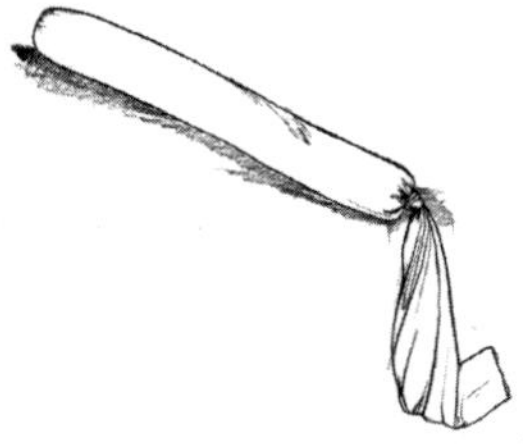

图4-34

（二）排打法

以腹部排打为例。（图4–35、图4–36）

图4–35

图4–36

第二节　熊功

一、内功

【练法分解】

1. 两脚开立，与肩同宽或略宽，十趾抓地，重心前移；两掌缓缓向里提抱，置于肚脐前，指尖相对，掌心向上，掌不挨身；上身略向前倾，头部稍低，下颌含收；目视双掌。自然呼吸。（图4-37）

图4-37

2. 接上动，缓缓吸气；双掌缓缓上移至胸前，掌不挨身；目视双掌。吸气不停；两掌合十，沿面前过额上伸，举过头顶；头随之后仰；目视双掌。（图4-38 ~ 图4-40）

图4-38

图4-39

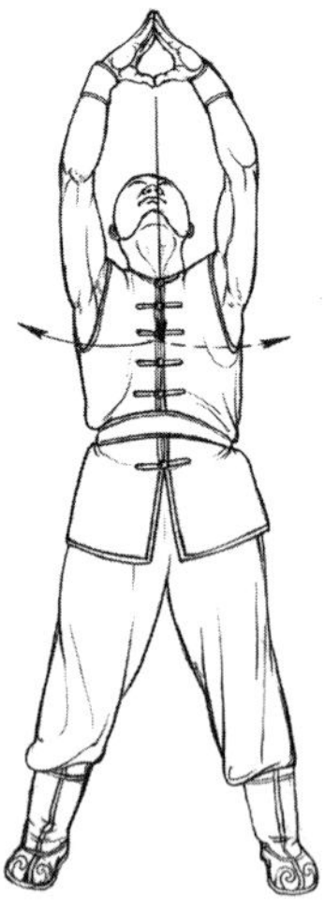

图4-40

3. 接上动，缓缓呼气；合掌缓缓沿面门下落，至胸前分开，左右平肩伸开，指尖向外，掌心向下。目视前方。（图4-41～图4-44）

图4-41

图4-42

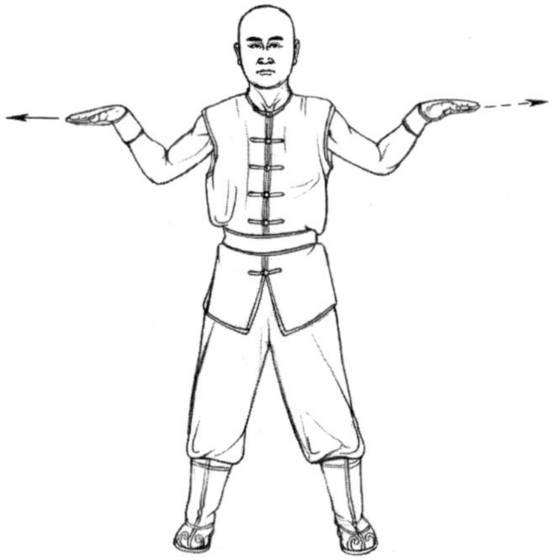

图4-43

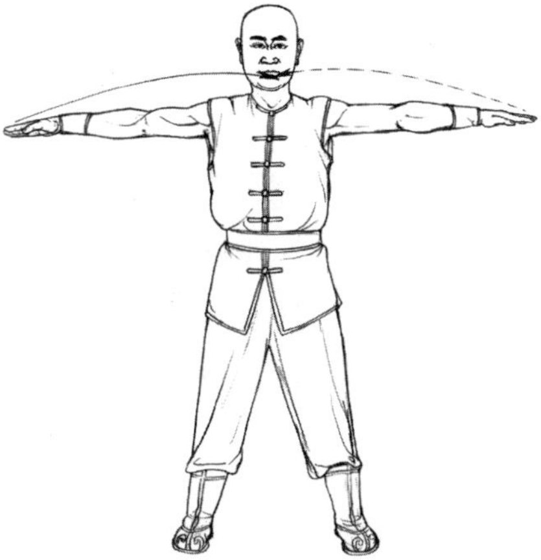

图4-44

4. 接上动，吸气；同时，两掌向前平移压合，右掌在上，左掌在下，两掌心皆向下，指尖向前 。（图4–45）

图4–45

图4–45附图

5. 接上动，呼气；同时，两脚收拢并立；两掌握拳，左右伸臂分开，一字平肩，拳面向外，拳心向下。（图4–46、图4–47）

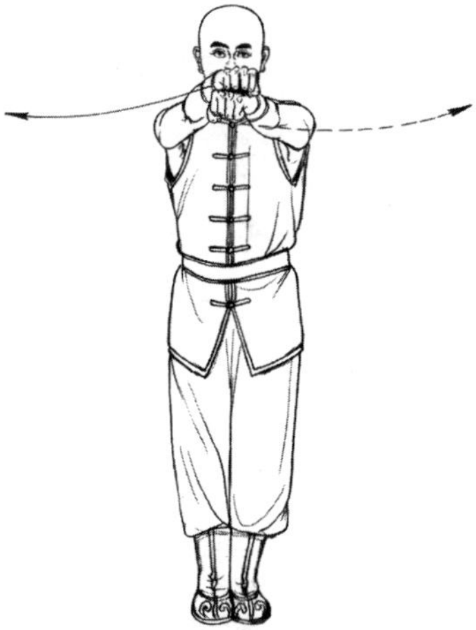

图4–46

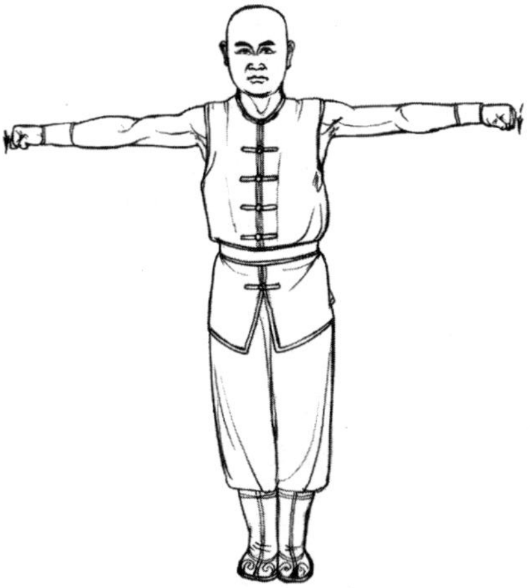

图4–47

6. 接上动，吸气；同时，两拳前翻，两臂稍扭，使拳心向后，随即顺势向里、向下直臂沉坠，落于胯旁，然后屈肘，提至腰后，两拳相接，右拳在上，两拳眼皆向上，两拳心皆向后。低头，下视。（图4-48～图4-50）

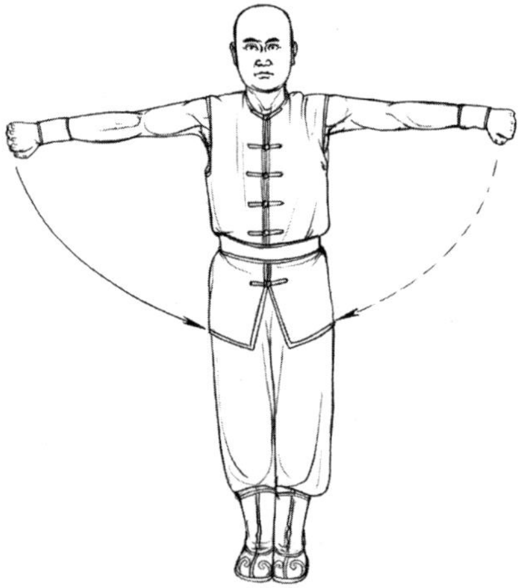

图4-48

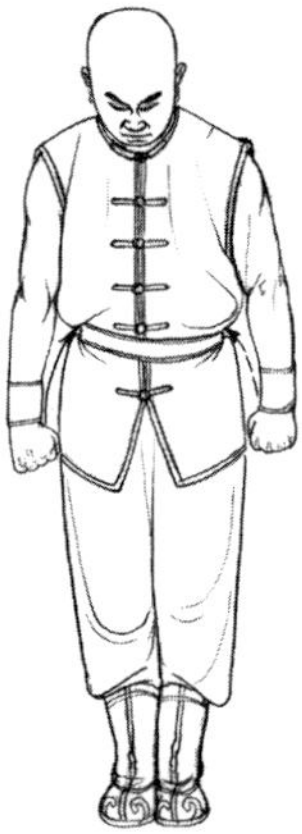

图4-49

图4-50

图4-50附图

7. 接上动，呼气；同时，两拳落于腹前两侧，两臂屈肘，拳心向上，拳面向里。（图4–51）

图4–51

图4–51附图

8. 接上动，吸气；同时，两拳上提胸前，拳面相对，拳眼向上，两肘平肩。（图4–52）

图4–52

9. 接上动，呼气；同时，两拳里旋上提，两臂垂肘，拳心相对，拳面向上，随即松拳为掌，插向腰后，虎口交叉，右掌背贴左掌心，左掌背贴腰，最后轻抚而下，垂放体侧。收势。（图4-53、图4-54）

鹿内功至此练毕，反复练习，次数自定。

图4-53

图4-54

二、排打

熊功排打，请参鹿功。

第三节　鹤功

一、内功

【练法分解】

鹤功分左、右势，以左势为例。

1. 左脚跟对着右脚弓，成丁字形，两膝挺直；收腹凸胸，头部稍低；两掌垂于体侧。呼吸自然。（图4-55）

图4-55

注意，初练时，两膝弯曲度可以稍高，随着功力加深，再逐渐下坐。“身子矮一分，功夫长一寸”，只有吃苦，功夫才能上身。

2. 缓缓吸气；同时，两掌提于右腹侧交叉，掌心向上，掌不挨身。目视双掌。（图4-56）

3. 接上动，呼气；同时，相叉双掌从右徐徐绕肚脐，至左腹侧；腰亦随之而转。（图4-57、图4-58）

图4-56

图4-57

图4-58

4. 接上动，吸气；同时，双掌向右、向后、向前、向上划弧，移举至胸前，掌心向里，虎口向上，两臂屈肘内夹。（图4-59）

5. 接上动，呼气；同时，双掌前伸，如拱手状，掌心向里，虎口向上，高与额平，两臂伸开；上体前倾。目随手走。（图4-60）

图4-59

图4-60

6. 接上动，吸气；同时，双掌扬于正上，掌心向下。目光上视。（图4–61）

7. 接上动，呼气；同时，双掌向后、向右、向前、向左划弧。（图4–62）

8. 接上动，吸气；同时，双掌上举，掌心仍向下。（图4–63）

图4–61

图4–62

图4–63

9. 接上动，呼气；双掌下按于左膝前；左脚相应外翻，脚掌外侧着地，仍为丁字形，两膝弯曲。呼气不停；双掌不停，向前、向右、向上划弧，绕膝而过，绕至体右上侧，高与肩平，掌心向右，虎口向下；两臂慢慢伸开，腰随手旋转；左脚落地；目视双掌。（图4-64～图4-67）

图4-64

图4-65

图4-66

图4-67

10. 接上动，吸气；同时，双掌下按，绕膝而过，回至体左侧，上举过顶，掌心向上，两臂稍屈。（图4-68）

图4-68

11. 接上动，呼气；同时，双掌稍落前伸，虎口向下，掌心斜向侧上方，两臂伸开；上身前倾。目视双掌。（图4-69）

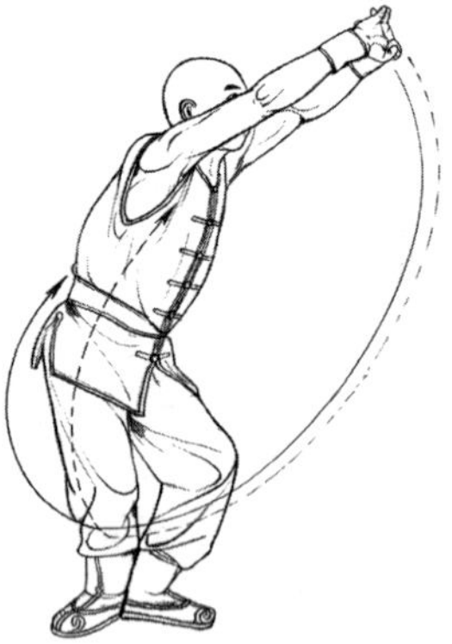

图4-69

12. 接上动，吸气；同时，双掌下落向右绕膝而过。双掌至右膝侧时，两掌松开，右掌置于腰下，掌心向上；左掌提至右肩前，掌心向右，指尖向上。目视左掌。（图4–70）

图4–70

13. 接上动，呼气；同时，左掌向下、向左划弧，手臂伸直，掌心向下；右掌翻转，掌心向下。目视左掌。（图4–71）

图4–71

14. 接上动，吸气；同时，左掌向外、向上划弧，翻腕成托天掌，掌心向上，指尖向后。（图4-72、图4-73）

图4-72

图4-72附图

图4-73

15. 接上动，呼气；同时，左掌伸臂向左前方下落，高与肩平，掌心向下，指尖向左前方。（图4-74）

图4-74

16. 接上动，吸气；同时，左掌略内旋，握拳稍上提，拳面向前，手臂稍屈；右掌也握拳。（图4-75、图4-76）

图4-75

图4-76

17. 接上动，呼气；同时，左拳向前上方伸臂冲出，稍高过头顶；上体前倾；右拳仍护腰。（图4–77）

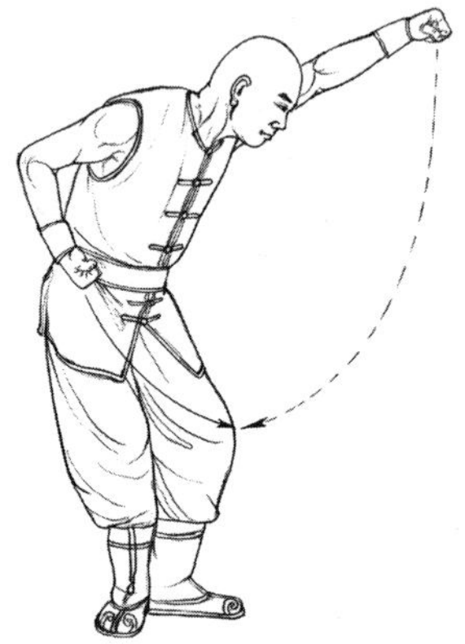

图4–77

18. 接上动，吸气；同时，两拳变掌下落，抱于膝前，左掌托右背，掌心均向上。（图4–78）

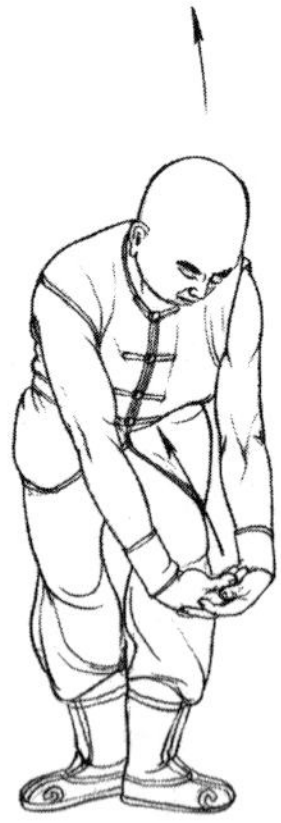

图4–78

19. 接上动，呼气；同时，双掌相抱于小腹前，最后垂放体侧。左势收功。（图4–79）

图4–79

20. 接着，练习鹤功右势，动作与左势相同，文图从略。

左右皆练，不宜偏废。

反复练习，次数自定。

二、排打

鹤功排打，请参鹿功。

【辅助功】

注意，练至鹤功时，气已达肋部，而肋区薄弱，须练习重长铁砂袋，令肋部筋肉紧密坚壮，可提高肋区抗打力。

此铁砂袋，比排打使用的铁砂袋要重（重约4倍）、要长（长约2倍）。（图4–80）

图4–80

其练法如下：

1. 仰身平卧，全身挺直；双脚并拢，脚尖向上。将袋子置于腹部，以两手握布袋中段，虎口相对。（图4–81）

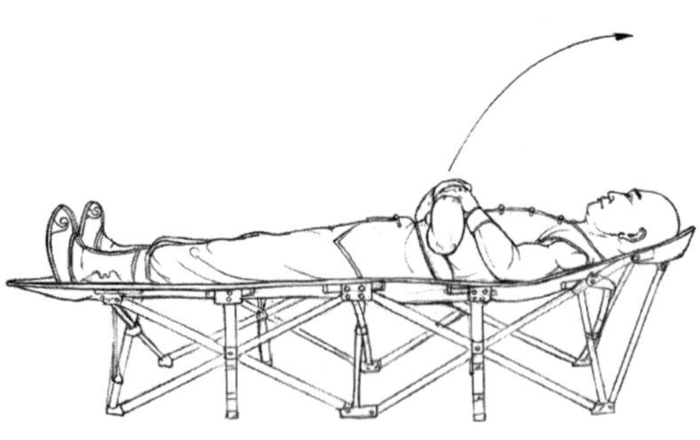

图4–81

2. 两手握袋，徐徐上举，两臂伸直。（图4–82）

3. 两手握袋向头顶后方移动，直至两臂与头平，手心向上。（图4–83）

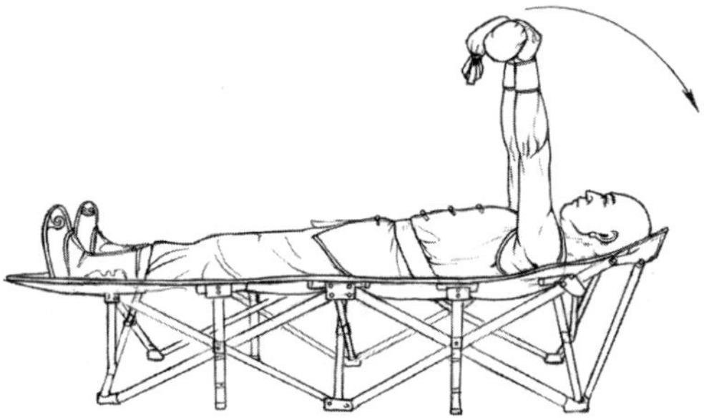

图4–82

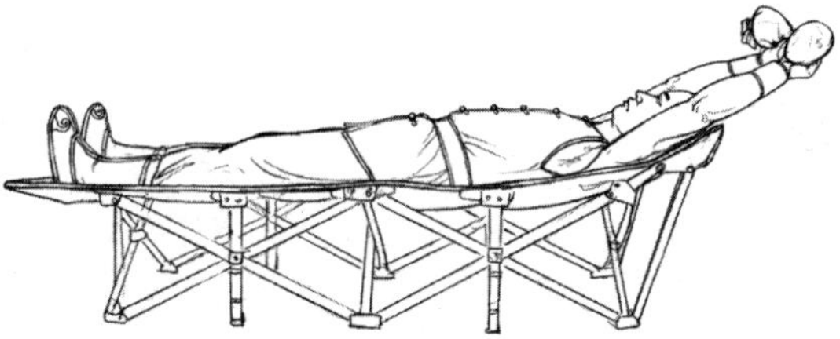

图4–83

4. 举还小腹止。

稍息片刻，如法再举。举之数遍，以多为贵，但力不能胜时即要停止，切忌勉强。

第四节　虎功

一、内功

【练法分解】

1. 两脚并立，脚尖外分；两掌于腹部右侧交叉相合，掌心向上，掌不挨身；身向右斜。自然呼吸。（图4-84）

2. 两掌随即合十上举至头顶左上方，指尖向上，身向左斜；同时，缓缓吸气。目视双掌。（图4-85）

图4-84

图4-85

3. 接上动，呼气；同时，合掌直臂向前下劈，约与肩平时两掌外分，掌棱仍相接，掌心向上。（图4-86～图4-88）

图4-86

图4-87

图4-88

4. 接上动，吸气；同时，两掌稍提，向里重合。（图4-89）

5. 接上动，呼气；同时，两掌直臂向前下劈，约至裆前，虎口向前，指尖斜向下。（图4-90）

图4-89

图4-90

6. 接上动，吸气；同时，左掌向上举至头侧，指尖向上，掌心向右；右掌上提，绕脐置于腰侧，指尖下垂。（图4-91、图4-92）

图4-91

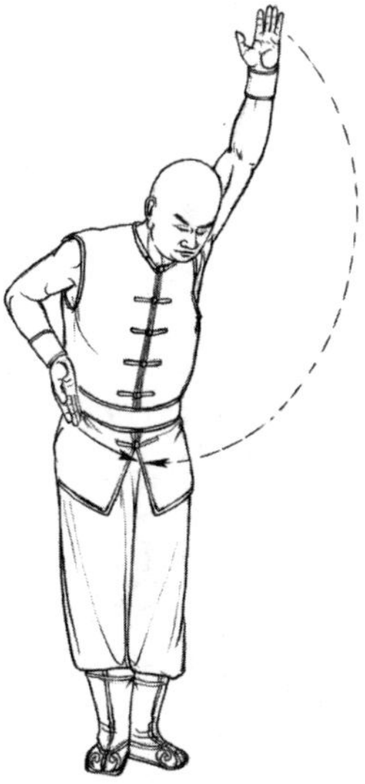

图4-92

7. 接上动，呼气；同时，左掌直臂向前下劈，与右掌在裆前合拢，成捧掌状，掌心向上，指尖相对。（图4-93）

8. 接上动，吸气；同时，两掌变拳，上提至鼻前，拳面向上，两肘尖下垂。（图4-94）

图4-93

图4-94

9. 接上动，呼气；同时，两拳变掌，下按外分，最后垂放体侧。左势收功。

10. 接着，练习虎功右势，动作与左势相同，文图从略。

左右皆练，不宜偏废。

二、排打

虎功排打，请参见鹿功。

第五节　猿功

一、内功

【练法分解】

1. 两腿蹲成马步，上体略前倾；两掌十指交叉，掌心向上，置于小腹前，手不挨身；呼吸自然。目视双掌。（图4–95）

图4–95

2. 接上动，缓缓吸气；同时，两掌缓缓上移至胃脘、胸前。（图4-96、图4-97）

图4-96

图4-97

3. 接上动，呼气；同时，两掌内旋，向外、向前、向上，伸臂举至头顶上方，掌心向上；头颈后仰，喉头绷直。目光上视。（图4–98～图4–100）

图4–98

图4–99

图4–100

4. 接上动，吸气；同时，两掌翻转，握拳分开，随即经面前落至胸前，拳面相对，拳眼向上，两前臂与胸平。目光下视。（图4-101、图4-102）

图4-101

图4-102

5. 接上动，呼气；同时，两拳左右拉开，停于胸侧。（图4–103）

图4–103

6. 接上动，吸气；同时，两拳变掌，提向胸前交叉，成十字手，右掌在外，左掌在里，掌心向外，指尖斜向上。（图4–104）

图4–104

7. 接上动，呼气；同时，两掌经腹前下落至两大腿外侧，指尖向前，掌心向下。呼气不停；随即两掌直臂上提平肩，掌心向下，指尖向外；身体随之起立，两膝挺直。（图4–105、图4–106）

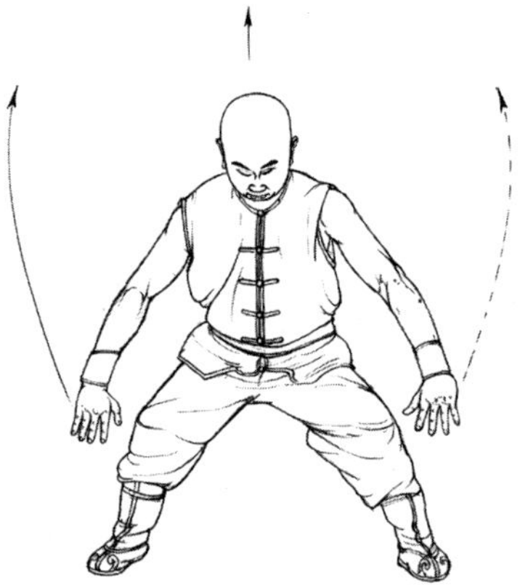

图4–105

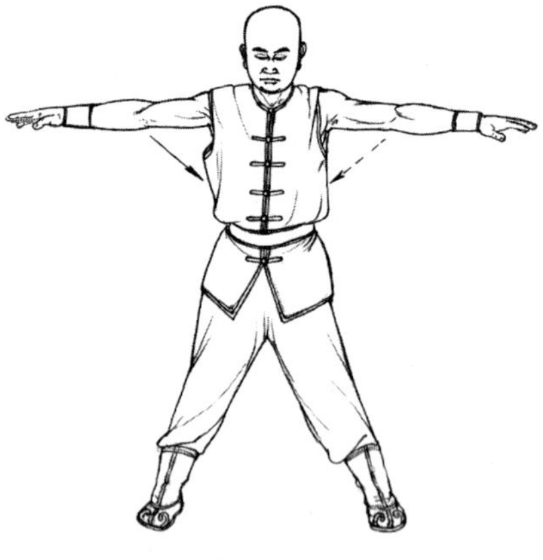

图4–106

8. 接上动，吸气；同时，两肘屈收，两掌翻转里收，略低于肩，指尖斜向上，掌心向上；两腿稍屈。（图4-107）

图4-107

9. 接上动，呼气；同时，两掌左右伸臂平举，高与肩平，掌心向上，指尖向外；身体上起，两腿挺直。（图4-108）

图4-108

10. 接上动，吸气；两掌握拳。呼气；两掌伸开。如此一呼一吸，可多练几次；也可直接练下动。（图4–109）

11. 吸气；同时，两掌指尖上翘，举臂向头顶上方合拢，指尖相接，掌心含空；两脚收拢相并，挺膝伸立。目视双掌。（图4–110）

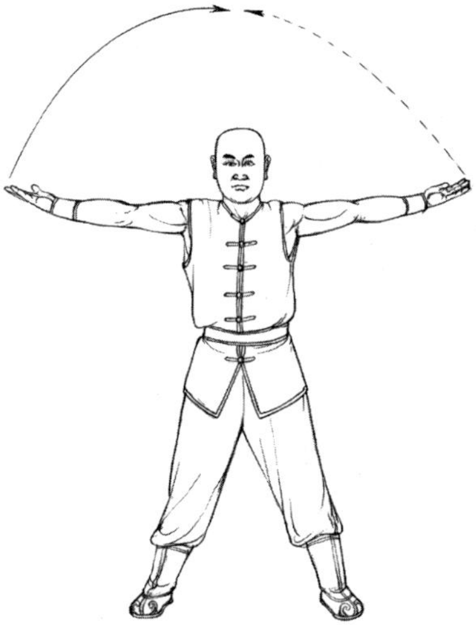

图4–109

图4–110

12. 接上动，呼气；同时，双掌屈指握拳，随即下落胸前，最后两拳变掌，下按外分，垂放体侧。猿功收势。（图4-111、图4-112）

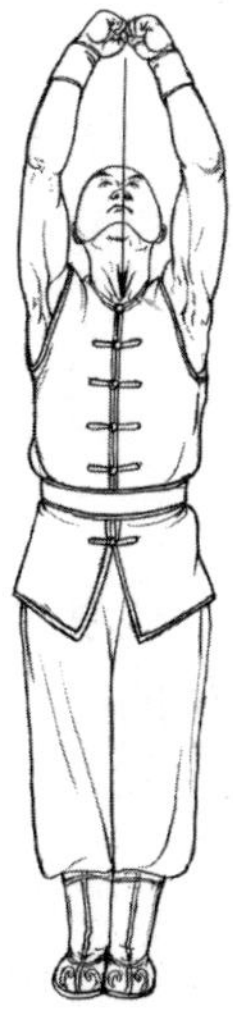

图4-111

图4-112

二、排打

猿功排打，请参鹿功。

【辅助功】

（一）木杵功

胸、腹部排打除用掌、拳、铁砂袋等外，还有一种古传木杵功，练来可以增强心窝、小腹等部位的内劲及抵抗力。

选用长圆木棍，制成木杵，一端尖细，一端为圆球状。（图4–113）

将圆球端抵于胃脘部，另一端抵于地面，上身前俯，运劲顶住，坚持为功。（图4–114）

图4–113

图4–114

（二）铁头功

在排打头部基础上，进一步锻炼头部硬功，功成不畏重击，俗称“铁头功”。

1. 屈膝，上身前俯；用头部顶住墙壁。保持定势，相互较劲，坚持为功。（图4-115）

2. 两脚跟提起，上身前附，重心前移；劲贯头顶，顶撞墙壁。先轻后重，严防受伤！非专业练功者，此法不要练习！（图4-116）

图4-115

图4-116

第六节　五禽硬气功要点提示

1. 五禽硬气功每个功法，从开始到收势、从变势到定势、从吸气到呼气等，读者练习时所有细节都要达到功法要求，力求精确，不能马虎。一旦练错，事倍功半，甚或出偏。有条件者，要请专业老师传授。

2. 练功时，无论内功还是排打，思想都要集中，意念要专一，久之意到气到，贯气生力，方能收到显著的强壮与理疗功效。如若三心二意，敷衍了事，不但练功无成，而且易出偏差。

3. 五禽内功的作用是为导气与贯气，通过练功，增强内劲。从本功来讲，鹿功主增肾气；熊功主增胃气；鹤功主增肺气；虎功主增肝气；猿功主增心气。

4. 练功呼吸时，要扣齿闭唇，舌抵上腭，鼻吸鼻呼。吸好即呼，呼好即吸，畅通无阻，周而复始，循环不已。但练功呼吸不是气息轻浅的平常呼吸，而是要求缓慢、深长、均匀，融合动作，绵延不断。

5. 五禽内功练习的动作速度，虽应以缓慢为主，但快慢也要适度，不要太慢太快，也不要忽慢忽快。太快，气易断而难聚；太慢，气易滞而难通；忽慢忽快，气易乱而出偏。

6. 练习内功，动作开始，气即运行；筋骨活顺，气机畅达。形气相辅，动息相合，浑元一体，对祛病与强身都有很大的效力。

7. 排打法，又称排气法，可良性震激肌肤、筋骨、经络、脏腑与神经，进一步导气引气，补气贯气。从养生上讲，人身的痼疾痞块，用一般药物或按摩方法不易奏功，通过排打多能收到良好的理疗效果；有的疑难怪症，也可在这种特殊作用下有所好转。从武功上讲，排打坚皮壮骨，可提高人体抗打力，身体能顶住敌方拳脚踢打，自然减少损伤。

8. 排打呼吸比内功呼吸要快要短，呼吸快慢与排打快慢要吻合。排打时要轻重适度，胆大心细、谨慎有序地进行排打，初练时用力不可过重过快，循序渐进，一定要防止受伤。

9. 排打要用脆劲，不用僵力。排下稍停再扬起，并要注意每一个部位不能重复排打，要一点一击，从准从稳，有条不紊。

10. 五禽硬气功，内外兼修，静中寓动，软中有劲，柔中有刚。全部功夫练好，自能经脉畅通，精神抖擞，气力大增。对于体弱或有病者，可大补元气，增强脏腑机能，提高免疫力，防病抗病，即使痼疾亦会逐渐化去。

第五章

少林五禽内功拳

少林五禽内功拳，是以“五禽内功”为基，结合“五禽外劲”编创而成，拳势连贯，变化灵活，动作别致，妙趣横生。

五禽内功拳，既是功法，又是拳法，既练气力，又练招法，内练吐纳贯运，外练起落开合，内外兼修，养练相并，体用兼备。

练拳之时，要求混元一体，以神行意，以意贯劲，以形发力。勤加练习，可活血益气，强筋壮骨，增劲长力，有利攻防。

拳谱载曰：“法不离奇正，变不过虚实，用不过刚柔。健身为基，练拳为功，御敌为用。慢练为功，快练为拳；静练修心，轻练养身；快练生劲，猛练增力。”

一、起势

【练法】

1. 两脚并步，正身直立；两掌垂于体侧。目视前方。（图5-1）

2. 两掌向左右分开，弧形上划抱拳，左掌护于右拳面上，高与下颌平，两臂成环状。目视前方。（图5-2）

3. 两手变掌，向左右弧形分开，下收至腰间抱拳，拳心向上，挺胸收腹。目视前方。（图5-3）

图5-1

图5-2

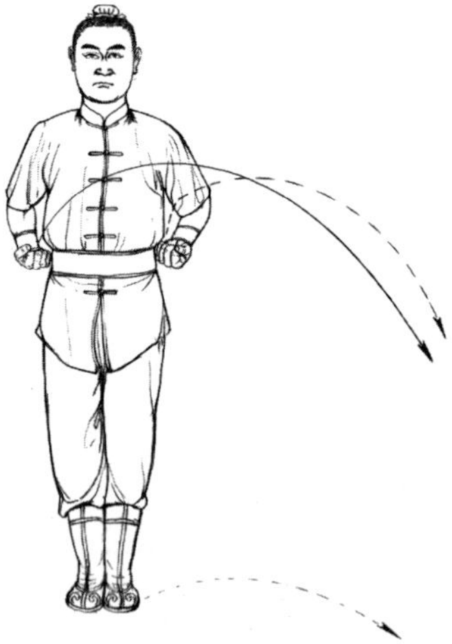

图5-3

二、猛虎出洞

【练法】

1. 上体左转约90°，左脚提起向前跨出一大步，屈膝半蹲，成左弓步；同时，两拳提至腋前变“虎爪”，向前弧形下按至左膝前上方，虎口相对，爪心向下，高与小腹平。目视两爪。（图5–4）

2. 上体右转约45°，成横裆步；同时，两爪右移，右爪移至右大腿前方，左爪移至左大腿内侧前方，高与肚脐平，两爪心向下，虎口遥遥相对。目视右爪。（图5–5）

图5–4

图5–5

3. 上体左转约90°，成左弓步；两爪移至左膝上方，虎口相对。目光随转体向下、向右、向后、再向前扫视一周，好似出洞猛虎，寻找猎物。（图5-6）

图5-6

4. 右脚向前跨出一大步，成右弓步；同时，两爪提起向前下按，至右膝前上方，虎口相对，高与肚脐平。瞪目前视。（图5-7）

图5-7

5. 上体左转约45°，成横裆步；同时，两爪左移，左爪移至左大腿前方，右爪移至右大腿内侧前方，高与肚脐平，两爪心向下，虎口遥遥相对。目视左爪。（图5-8）

图5-8

6. 上体右转约90°，成右弓步；两爪移至右膝上方，虎口相对。目光随转体向下、向左、向后、再向前扫视一周，好似猛虎寻食。（图5-9）

图5-9

三、猛虎扑食

【练法】

1. 两臂屈肘上举，两爪高与耳平，爪心向前，虎口相对；同时，身体后仰，重心落于左腿上，左腿屈膝；右脚略收，右膝伸直，成右高虚步。目视前方。（图5-10）

2. 右爪从体前下落，至胸前向右划弧至右肩外侧，肘臂略屈，虎口向上，爪心向前；同时，左爪向右下划弧至右肩前，爪心向右，虎口向里；重心移于右腿屈膝半蹲，左腿屈膝收至右腿内侧方，左脚尖点地，成左丁步。头右转，目视右爪。（图5-11）

图5-10

图5-11

3. 上体左转，左脚向左前方跨出一大步，屈膝成左弓步；同时，两爪提至胸前随进步向前下方猛劲抓按，高与腹平，虎口相对。怒目瞪视。（图5-12）

图5-12

4. 两臂屈肘上举，两爪高与耳平，爪心向前，虎口相对；同时，身体后仰，重心落于右腿上，右腿屈膝；左脚略收，左膝伸直，成左高虚步。目视前方。（图5-13）

图5-13

5. 左爪从体前下落至胸前，向左划弧至左肩外侧，肘臂略屈，虎口向上，爪心向前；同时，右爪向左下划弧至左肩前，爪心向左，虎口向里；重心移于左腿屈膝半蹲，右腿屈膝收至左腿内侧方，右脚尖点地，成右丁步。头左转，目视左爪。（图5-14）

6. 上体右转，右脚向右前方跨出一大步，屈膝成右弓步；同时，两爪提至胸前随进步向前下方猛劲抓按，高与腹平，虎口相对。怒目瞪视。（图5-15）

图5-14

图5-15

四、饿虎扑羊

【练法】

1. 上体略左旋，右腿屈膝半蹲；左脚迅速收至右脚内侧，脚尖点地，成左丁步；同时，两爪随转体收至左膝前，爪心仍向下。目视双爪。（图5-16）

2. 上体后仰，送髋挺胸；同时，两爪顺大腿两侧上提至腋下，爪心向下。目视前方。（图5-17）

图5-16

图5-17

3. 左脚向左前方跨出一大步，成左弓步；同时，两爪向前猛扑，按于左膝前方，略低于左膝。目视双爪。（图5–18）

图5–18

4. 上体略右转约45°，左腿屈膝半蹲；右脚迅速收至左脚内侧，脚尖点地，成右丁步；同时，两爪随转体收至右膝前，爪心仍向下。目视双爪。（图5–19）

图5–19

5. 上体后仰，送髋挺胸；同时，两爪顺大腿两侧上提至腋下，爪心向前。目视前方。（图5-20）

图5-20

6. 右脚向右前方跨出一大步，成右弓步；同时，两爪向前猛扑，按于右膝前方，略低于右膝。目视双爪。（图5-21）

图5-21

五、白虎献爪

【练法】

1. 左脚向前方跨进一大步，屈膝半蹲，右腿蹬伸，成左弓步；同时，左爪向上、向前弧形横扫，至体左前方成掌，高与鼻平，掌心向下，指尖向左；右臂屈肘，右爪上提胸前，爪心向下，虎口向里。目视左掌。（图5–22）

2. 身体后坐沉髋，右腿屈膝全蹲，左腿伸膝成仆步；同时，两爪向上、向右划立圆半周至两肩前，右肘抬平向后，右爪心向下，虎口对右肩；左掌变爪，屈肘立于左肩前，虎口向左斜上方，爪心对左肩。（图5–23）

图5–22

图5–23

3. 身体重心前后移动，弓、仆步互换，两爪同时逆时针划立圆一周。随即，左爪变掌向左前伸，高与肩平，掌心向下，指尖向左；右爪变掌停于左颈锁骨前，掌心向下，指尖向左；同时，重心前移，左腿挺膝直立，右腿屈膝上提。目视左掌。（图5-24）

4. 右脚向左落步，左脚随之向左跨一大步，成左弓步；两掌再逆时针划立圆一周，向前猛力扎出。目视左掌。（图5-25）

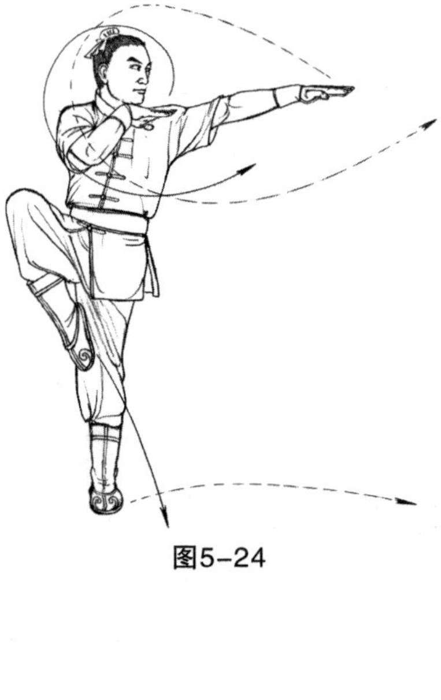

图5-24

图5-25

5. 身体向右转约90°，左脚尖内扣，右腿屈膝成右弓步；同时，两掌变爪向右横扫半周；右臂伸直，高与眼平，右爪心向下；左臂屈肘，左爪停于右肩前，爪心向下。（图5-26）

6. 身体后坐沉髋，左腿屈膝全蹲，右腿伸膝成仆步；同时，两爪向上、向左、向下、向右划圆，左爪与右肩平，左爪心仍向下；右爪前伸，高与肩平，右肘稍屈，爪心仍向下。目视右爪。（图5-27）

图5-26

图5-27

7. 身体重心前后移动，弓、仆步互换，两爪同时逆时针划立圆一周。右爪变掌向右前伸，高与肩平，掌心向下，指尖向右；左爪变掌停于右肩前，掌心向下，指尖向右；同时，重心前移，右腿挺膝直立，左腿屈膝上提。目视右掌。（图5-28）

8. 左脚向右落步，右脚随之向右跨一大步，成右弓步。两掌再逆时针划立圆一周，变爪向前猛力抓出，高与肩平，爪心向下。目视右爪。（图5-29）

图5-28

图5-29

六、猛虎回头

【练法】

1. 右腿挺膝直立，左脚收至右脚内侧左前方，脚尖点地，身体直立，下盘右实左虚；同时，右爪向上划弧伸臂举于头右上方，爪心向上；左爪下落至右腰前，爪心向下。目视左斜前方。（图5-30）

2. 身体向左后转约135°，重心移向左腿，左腿直立踏实；右脚随转身，脚跟提悬，脚尖点地；同时，右爪变掌在头顶上方向左、向后、向右、向前顺时针平绕一周，再向下划弧经体前落至左小腹前，指尖向左；左爪变掌向左、向上划弧举于头顶上方，指尖向右。目视左上方。（图5-31）

图5-30

图5-31

3. 重心缓缓下落，两腿交叉，右腿在下，屈膝全蹲，成左歇步；同时，左掌变爪向右、向下、再经体前向左上划弧至身体左侧，左臂内旋，翻爪向上，略高于头，爪心向左，虎口向下；右掌变爪向左、向上经头前屈肘右拉至右额前，爪心向前，虎口向里。两爪似拉弓射箭状用劲。目视左爪。（图5-32）

图5-32

图5-32附图

4. 身体向右转，两腿蹬伸立身而起，重心移于右腿挺膝伸立；左脚跟悬提，脚趾点地，左腿伸膝，成右实左虚势；同时，左爪变掌向上划弧伸臂举于头顶左上方，指尖向右，掌心向上；右爪变掌下落至右腹前，指尖向左，掌心向下。目视右斜前方。（图5-33）

图5-33

5. 身体向右后转约135°，重心移向右腿，右腿直立踏实；左脚随转身，脚跟提悬，脚趾点地；同时，左掌在头顶上方向右、向后、向左、向前顺时针平绕一周，再向下划弧经体前落至右小腹前，掌心向右；右掌向右、向上划弧举于头顶前上方，指尖向左。（图5-34）

6. 重心缓缓下落，两腿交叉，左腿在下，屈膝全蹲，成右歇步；同时，右掌变爪向左、向下、再经体前向右上划弧至身体左侧，右臂内旋，翻爪向上，略高于头，爪心向右，虎口向下；左掌变爪向右、向上经头前屈肘左拉至左额前，爪心向前，虎口向里。两爪似拉弓射箭状用劲。目视右爪。（图5-35）

图5-34

图5-35

七、野鹿撒欢

【练法】

1. 身体左转约180° 。右腿挺膝直立；左腿屈膝上提，脚尖向下，成右独立步；同时，两爪下落至两腰侧，再伸臂上举过头，拇指、食指、小指伸直，中指与无名指屈于掌心，成“鹿角手”，两手心向前。目视正前方。（图5-36）

2. 上体右前倾，左脚向前落步，两腿伸膝，成右插步。左脚踏实，右脚悬提脚跟；同时，上体左转约90° ；两臂屈肘下落，两“鹿角手”分置耳侧。目视左后方。（图5-37）

图5-36

图5-37

3. 身体右转约90°，左腿挺膝直立；右腿屈膝提起，脚尖向下，成左独立步；两臂上举伸过头顶。目视正前方。（图5-38）

4. 上体左前倾，右脚向前落步，两腿伸膝，成左插步。右脚踏实，左脚悬提脚跟；同时，两臂屈肘下落，两“鹿角手”置于右耳侧。目视右后方。（图5-39）

图5-38

图5-39

八、仙鹿伸腰

【练法】

1. 重心移于右腿，挺膝直立；左腿屈膝提起，脚尖向下，上体右转成右独立步；同时，右臂向右侧伸直，高与肩平，右手五指虚握，拇指压在中指和食指的指甲上（此为“鹿蹄手”）；左手也成“鹿蹄手”经头前下落至右肩前，虎口对肩。目视右手。（图5–40）

2. 身体左转，左脚向左侧方跨落一步，右腿屈膝全蹲，左腿伸直平铺，成左仆步；同时，左手经体前向左下方伸至左膝上侧方，手心向下；右手斜伸于右侧方，高与肩平。目视左手。两手仍为“鹿蹄手”。（图5–41）

图5–40

图5–41

3. 重心前移，右腿蹬伸，左腿屈膝半蹲，成左弓步；同时，左臂前伸外旋使手心向上，左手向左、向后平绕收至左腰，前臂再向前平伸至左膝上方，手心向下；右手不变。目视左前。（图5-42）

4. 重心移于左腿，挺膝直立；右腿屈膝提起，脚尖向下，上体左转成左独立步；同时，左手向左侧伸直，高与肩平；右手经头前下落至左肩前，虎口对肩。目视左手。（图5-43）

图5-42

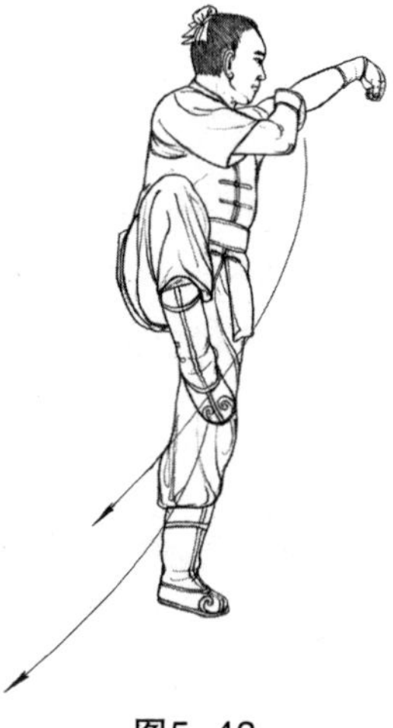

图5-43

5. 上体右转，右脚向右侧方跨落一步，左腿屈膝全蹲，右腿伸直平铺，成右仆步；同时，右手经体前向右下方伸至右膝上侧方，手心向下；左手斜伸于左侧方，高与肩平。目视右手。（图5-44）

图5-44

6. 重心前移，左腿蹬伸，右腿屈膝半蹲，成右弓步；同时，左臂前伸外旋使手心向上，右手向右、向后平绕，收至右腰再向前平伸至右肩前方，手心向下；左手不变。（图5-45）

图5-45

九、麋鹿过涧

【练法】

1. 重心前移，右腿挺膝直立；左腿屈膝前提，脚尖向下，成右独立步；同时，左手向上、向前划弧，落至左膝外侧，手心向后；右手向下、向后、向上、向前划弧，落至右肩前上方，手心向下。目视前下。两手仍为“鹿蹄手”。（图5-46）

2. 左脚向前落步，屈膝半蹲，成左弓步；同时，左手继续后摆至腰后，手心向后；右手继续前伸，手心向下，高约与眉齐。目视右手。（图5-47）

图5-46

图5-47

3. 重心前移，左腿挺膝直立；右腿屈膝前提，脚尖向下，成左独立步；同时，右手向上、向前划弧，落至右膝外侧，手心向后；左手向下、向后、向上、向前划弧，落至左肩前上方，手心向下。目视前方。（图5-48）

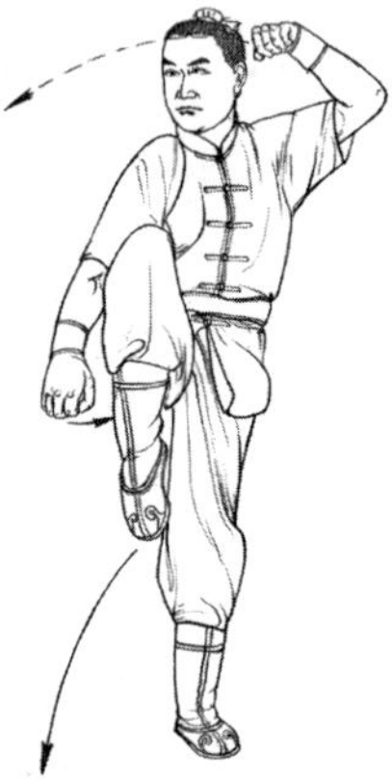

图5-48

4. 右脚向前落步，屈膝半蹲，成右弓步；同时，右手继续后摆，手心向后；左手继续前伸，手心向下，高约与眉齐。目视左手。（图5-49）

图5-49

图5-49附图

十、野鹿顶角

【练法】

1. 左脚向右脚内侧上步，体左转，两腿屈膝半蹲，左脚悬提脚跟，前脚掌点地，成左丁步；同时，右臂屈肘，右手上举至头右上方，手心向下；左臂屈肘，左手下落，左肘尖对左肋，手心向上。目视左前方。两手仍为“鹿蹄手”（图5-50）

2. 左脚迅速向左前方踏出一大步，成左弓步；同时，上体向左倾，两手向左前方冲出，两手心遥遥相对。目视左前方。（图5-51）

图5-50

图5-51

3. 以左脚掌为轴，身体左转约270° ；右脚向前落至左脚内侧，脚尖点地，成右丁步；同时，两臂屈肘，左手架于左上方；右手收至右侧前方，右肘尖贴近右肋，两手心遥遥相对。目视右前方。（图5-52）

图5-52

图5-52附图

4. 右脚迅速向右前方踏出一大步，成右弓步；同时，上体向右倾，两手向右前方冲出，两手心遥遥相对。目视右前方。（图5-53）

图5-53

5. 左脚向左脚内侧上步，体左转，两腿屈膝半蹲，左脚跟悬提，左脚尖点地，成左丁步；同时，右臂屈肘，右手上举至头右上方，手心向下；左臂屈肘，左手下落至左前方，左肘尖贴近右肋，手心向上。目视左前方。（图5–54）

图5–54

6. 左脚迅速向左前方踏出一大步，成左弓步；同时，上体向左倾，两手向左前方冲出，两手心遥遥相对。目视左前方。（图5–55）

图5–55

7. 以左脚掌为轴，身体右转90°；右脚收至左脚内侧，脚尖着地，两腿屈膝半蹲，成右丁步；两臂屈肘，左手架于头左上方；右手收至右肋前，肘尖贴近右肋，两拳心相对。目视右前方。（图5-56）

8. 右脚迅速向右前方踏出一大步，成右弓步；同时，上体向右倾，两手向右前方冲出，两手心遥遥相对。目视右前方。（图5-57）

图5-56

图5-57

十一、仙鹿走盘

【练法】

1. 重心移于右腿，伸膝直立；左脚向右脚尖前内侧上步，脚尖点地，左转体成扭步；同时，左臂下落，左前臂约与地面平行，手心向上；右臂屈肘上举，架于头部右侧上方，手心向下。目视左前方。两手仍为“鹿蹄手”（图5-58）

2. 重心前移，左脚跟落地，脚尖外展，膝部略屈；右脚经左脚踝内侧过脚尖绕弧向左外侧，脚尖略内扣，上体左旋约90°；两手不变。（图5-59）

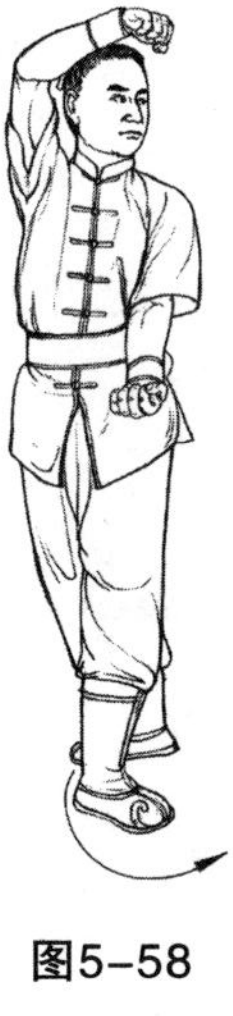

图5-58

图5-59

3. 上盘姿势不变；两脚依次绕弧形步，逆时针走到第八步而成一圆圈；身体竖直。目视左前方。（图5-60 ~ 图5-66）

图5-60

图5-61

图5-62

图5-63

图5-64

图5-65

图5-66

4. 以两脚掌为轴，身体左转约90°；同时，两腿屈膝下蹲，左脚踏实，右脚跟离地，成左歇步。目视左方。（图5-67）

图5-67

5. 左转体立身而起，左脚踏实，右脚尖虚点地面；同时，右臂下落，手心向上；左臂屈肘上举，架于头部左侧上方，手心向下。目视右前方。（图5-68）

图5-68

6. 重心前移，右脚跟落地，脚尖外展，膝部略屈；左脚经右脚踝内侧过脚尖绕弧向右外侧，脚尖略内扣，上体右旋约90°；两手不变。（图5-69）

图5-69

7. 上盘姿势不变；两脚依次绕弧形步，顺时针走到第八步而成一圆圈；身体竖直。目视右前方。（图5-70～图5-76）

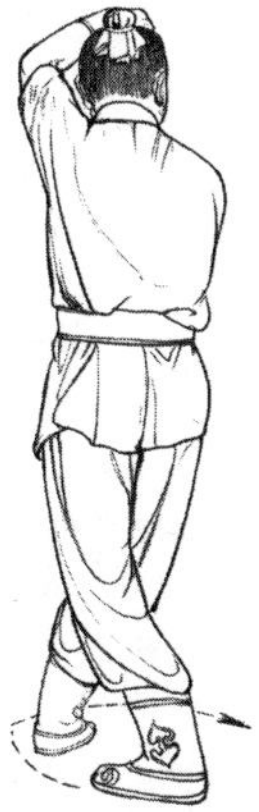

图5-70

图5-71

图5-72

图5-73

图5-74

图5–75

图5–76

8. 以两脚掌为轴，身体左转约90°；同时，两腿屈膝下蹲，左脚踏实，右腿跟离地，成右歇步。目视右方。（图5–77）

图5–77

十二、黑熊戏球

【练法】

1. 以两脚掌为轴，身体左转约180°，上体缓缓前屈，重心落至左腿，屈膝半蹲；右腿屈膝向后提起，上身前俯；同时，两“鹿蹄手”变成空心拳（称此为“熊掌”）随转体向左后下落至左脚前上侧。目光下视。（图5-78）

2. 上体向右旋转约180°，右脚落地踏实，屈膝半蹲；左腿屈膝向后提起；同时，两空心拳随转体划弧至右脚前上侧。目光下视。（图5-79）

按上述动作左右转动数遍。

图5-78

图5-79

十三、黑熊推壁

【练法】

1. 左脚向左外展落地，上体左转起身，重心移于右腿，右腿屈膝；左腿伸膝，成左高虚步；同时，两手随转体经膝前向左上提至两肩前，屈肘竖臂，两拳心向前，含胸收腹。目视前方。（图5-80）

2. 重心前移，右腿蹬伸，左腿屈膝前蹲，成左弓步；同时，两拳伸臂推出，拳心向前，高与肩平。目视两拳。（图5-81）

按上述动作，反复收推数遍。

图5-80

图5-81

3. 身体缓缓右转约180°，重心移于左腿，膝部略屈，脚尖内扣；右脚尖外展，膝部伸挺，成右高虚步；同时，两臂屈肘，收拳至两肩前，拳心向前。目视前方。（图5-82）

4. 重心前移，左腿蹬伸，右腿屈膝前蹲，成右弓步；同时，两拳伸臂推出，高与肩平。目视两拳。（图5-83）

按上述动作，反复收推数遍。

图5-82

图5-83

十四、黑熊撼树

【练法】

1. 身体左转约45°，右腿直立；左腿屈膝上提，脚尖向下，成右独立步；同时，两拳由前向下划弧按至腹前，拳心向下，拳眼相对。目视右斜下方。（图5-84）

2. 左髋外展，左脚向左前落步，脚尖向前，两腿屈膝半蹲，成左半马步；同时，两臂屈肘向后、向上、向前划弧，左臂外旋落至左前方，拳心向右，高与顶平；右前臂横于体前，落至右胸前侧，拳心向下，拳面向左。目视左前。（图5-85）

图5-84

图5-85

3. 身体右转约45°，左腿直立；右腿屈膝上提，脚尖向下，成左独立步；同时，两拳由前向下划弧按至腹前，拳心向下，拳眼相对。目视右下方。（图5-86）

4. 右髋外展，右脚向右前落步，脚尖向前，两腿屈膝半蹲，成右半马步；同时，两臂屈肘向后、向上、向前划弧，右臂外旋落至右前方，拳面向右，高与眼平；左前臂横于体前，落至左胸前侧，拳心向下，拳面向右。目视右拳。（图5-87）

图5-86

图5-87

十五、黑熊转身

【练法】

1. 身体右转约90°，两臂屈肘，两拳向下、经体右侧后，再向上、向前划立圆一周，于胸前拳面相对，两肘平抬；同时，左脚提起，脚尖外展向右前落步，重心落至左腿；右膝伸直，脚跟离地，上体左转约90°，成右插步；上体右侧倾，左肘尖向左侧上方，高与头顶平。目视左侧后。（图5-88）

2. 两臂屈肘继续向上、向前、向下，经腹前再向右摆动，两拳落于右胸前，拳面相对；同时，右脚提起，脚尖外展，向左前落步，重心落至右腿；左膝伸直，脚跟离地，上体左倾，成左插步；上体右转，右肘尖高与头顶平。目视右侧后斜上方。（图5-89）

按上述动作，反复前进数步。

图5-88

图5-89

十六、黑熊伸腰

【练法】

1. 左脚向前上步于右脚内侧，右脚尖微内转，两腿自然伸立与肩同宽；同时，两拳下落至两胯前，拳心向里。目视正前方。（图5-90）

2. 两拳经体前上举至头上方，拳面向上，与肩同宽，两臂伸直；挺胸抬头。目光上视。（图5-91）

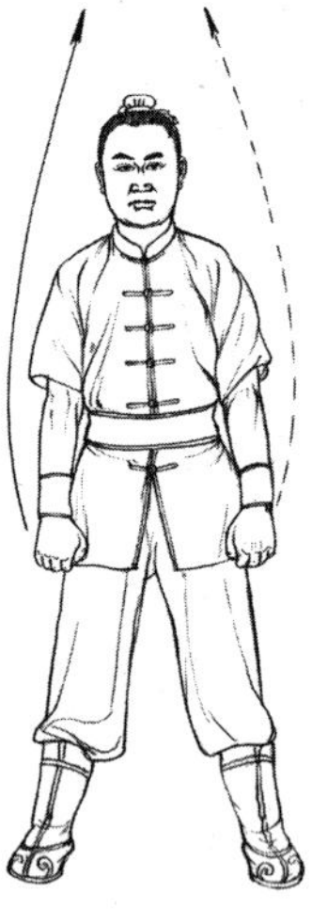

图5-90

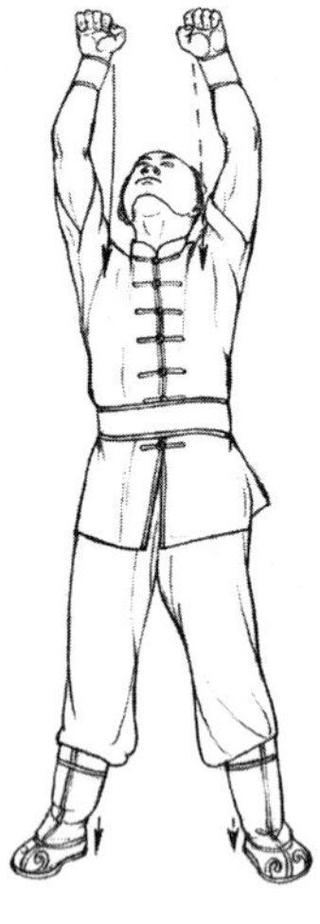

图5-91

3. 两拳用力缓缓下拉至胸前，拳心向下，屈臂垂肘；同时，两脚跟徐徐离地提悬，引体向上；头向上顶。目视正前方。（图5-92）

4. 两脚跟缓缓落地，两膝伸直，上体前屈；同时，两拳下落触摸脚尖，或触地，拳心向后。目视地面。（图5-93）

5. 上体缓缓抬起，恢复直立姿势；两臂垂直，两拳停于两胯侧前，拳心向里。目视正前方。（图5-94）

图5-92

图5-93

图5-94

十七、白猿出洞

【练法】

1. 缩身下沉，右脚向左后方跳一步，重心落至右腿；左腿收至右脚内侧，脚尖着地，左转身约90°，两腿屈膝半蹲，成左丁步；同时，右臂屈肘，右拳成钩手（猿钩），收至右耳旁，钩尖向下；左臂屈肘，左钩手收至左肋前。目视左前方。（图5-95）

2. 左脚向左前方跳一步，重心落至左腿；右脚随之收至左脚内侧，脚尖着地，两腿屈膝半蹲，右旋身成右丁步；同时，左钩手上提至左耳侧，右钩手下落至右肋前侧。目视右前方。（图5-96）

图5-95

图5-96

3. 右脚向右前方跳一步，屈膝半蹲；左脚收至右脚内侧，脚尖点地，两腿屈蹲，成左丁步，上体迅速左转约90°；同时，右钩手上提于右耳侧，左钩手下落于左肋前侧。目视左前方。（图5–97）

4. 两钩手不变；右腿略伸膝，左腿屈膝提起，左脚尖向下。（图5–98）

图5–97

图5–98

5. 左腿以膝关节为轴，逆时针划两个平圆；同时，头部左顾右盼2次，眨眼4次。接着，左髋外展，左脚向左落步。（图5-99）

6. 以左脚为轴，右脚绕左脚扫转一周，身体向左、向右快速旋转一周，两脚分开，屈膝略蹲，成左半马步；同时，两臂屈肘夹胸，两钩手分别收至左右胸侧，钩尖向下。再以腰为轴，上体快速左右抖动数次。目视左前方。（图5-100）

图5-99

图5-100

7. 左脚向左前方跳一步，重心落至左腿，右脚收至左脚内侧，脚尖着地，两腿屈膝半蹲，成右丁步；同时，左钩手上提至左耳旁，右钩手收至右肋前。目视右前方。（图5-101）

8. 右脚向右前方跳一步，重心落至右腿，左脚随之收至右脚内侧，脚尖着地，两腿屈膝半蹲，左旋身成左丁步；同时，右钩手上提至右耳侧，左钩手下落至左肋前侧。目视左前方。（图5-102）

图5-101

图5-102

9. 左脚向左前方跳一步，屈膝半蹲；右脚收至左脚内侧，脚尖点地，两腿屈蹲成右丁步，上体迅速右转约90°；同时，左钩手上提于左耳侧，右钩手下落于右肋前侧。目视右前方。（图5-103）

10. 两钩手不变；左腿略伸膝，右腿屈膝提起，右脚尖向下。（图5-104）

图5-103

图5-104

11. 右腿以膝关节为轴，逆时针划两个平圆；同时，头部左顾右盼2次，眨眼4次。接着，右髋外展，右脚向右落步。（图5-105）

12. 以右脚为轴，左脚绕右脚扫转一周，身体向右、向左快速旋转一周，两脚分开，屈膝略蹲，成左半马步；同时，两臂屈肘夹胸，两钩手分别收至左右胸侧，钩尖向下。再以腰为轴，上体快速左右抖动数次。目视左前方。（图5-106）

图5-105

图5-106

十八、白猿探珠

【练法】

1. 右脚向右闪跳一步，上体略右倾，重心落至右腿；左脚收至右脚内侧，脚尖点地，两腿屈膝半蹲，成左丁步；同时，右钩手上提收至右耳旁，左钩手收至左胸前。目视左前方。（图5-107）

图5-107

2. 左脚向左前方跳一步，挺膝伸立，上体向左前倾；右腿屈膝向后平举，脚尖向右，成平衡势；同时，右钩手向前平伸屈腕探摘，钩尖向下；左钩手自然摆至身左后侧，稍高于肩，钩尖向上。目视右钩手。（图5–108）

3. 左腿蹬地，右脚下落向右后跳回，沉身正体，左脚收至右脚内侧，脚尖点地，两腿屈膝半蹲，成左丁步；同时，右臂屈肘，右钩手收至右耳旁成掌，掌心向上，成托掌状；左臂屈肘横于体前，钩手变掌，左掌心托住右肘尖。目视左前方。（图5–109）

图5–108

图5–109

4. 两脚向左后逆时针绕圈，共跳3步。目视前方。（图5-110～图5-112）

图5-110

图5-111

图5-112

5. 右脚向前落步，右膝微屈；左腿屈膝后坐，重心落至左腿，成后坐势；同时，两掌下落收至两大腿外侧，指尖向下，虎口向前。目视右前方。（图5–113）

6. 重心前移，右腿直立；左腿屈膝上提，脚尖向下，成右独立步；同时，两臂外旋，两掌从腰间向上托起，掌心向上，高与肩平。目视两掌。（图5–114）

图5–113

图5–114

7. 左脚向左落步，上体略左倾，重心落至左腿；右脚收至左脚内侧，脚尖点地，两腿屈膝半蹲，成右丁步；同时，左钩手上提收至左耳旁，右钩手收至右胸前。目视右前方。（图5–115）

图5–115

8. 右脚向右前方跳一步，挺膝伸立，上体向右前倾；左腿屈膝向后平举，成平衡势；同时，左钩手向前平伸屈腕探摘；右钩手自然摆至身右后侧，稍高于肩。目视左钩手。（图5–116）

9.右腿蹬地，左脚下落向左后跳回，沉身正体，右脚收至左脚内侧，脚尖点地，两腿屈膝半蹲，成右丁步；同时，左臂屈肘，左钩手收至左耳旁成掌，掌心向上，成托掌状；右臂屈肘横于体前，右钩手变掌，掌心托住左肘尖。目视右前方。（图5–117）

图5–116

图5–117

10. 两脚向左后逆时针绕圈，共跳3步。目视前方。（图5-118～图5-120）

图5-118

图5-119

图5-120

11. 左脚向前落步，左膝微屈；右腿屈膝后坐，重心落至右腿，成后坐势；同时，两掌下落收至两腰侧，指尖向下，虎口向前。目视左前方。（图5-121）

12. 重心前移，左腿直立；右腿屈膝上提，脚尖向下，成左独立步；同时，两臂外旋，两掌从腰间向上托起，掌心向上，高与肩平。目视两掌。（图5-122）

图5-121

图5-122

十九、白猿望月

【练法】

1. 右脚向后落步，上体右转约180°，左脚收于右脚内侧，脚尖点地，两腿屈膝半蹲，成左丁步；两臂下落屈肘，两手半握拳，用十指关节凸起处沿腰脊两侧上下摩擦20次；同时，伸颈抬头，张嘴上下叩齿。眼睛向四方窥视。（图5-123）

2. 左脚向左侧横跨一步，上体左转约180°，右脚收于左脚内侧，脚尖点地，两腿屈膝半蹲，成右丁步；两臂下落屈肘，两手半握拳，用十指关节凸起处沿腰脊两侧上下摩擦20次；同时，伸颈抬头，张嘴上下叩齿。眼睛向四方窥视。（图5-124）

图5-123

图5-124

二十、白猿挠痒

【练法】

1. 右脚提起向左前方落步，全脚掌着地；左脚在后，脚跟离地，两腿屈膝全蹲，成左歇步；同时，上体右转，左手屈腕五指撮拢成钩，向前上举，拇指侧贴靠前额部，钩尖向下；右钩手收至右肋侧。目视右方，眨眼3次。（图5-125）

图5-125

2. 上体左转略右倾；左臂内收，腕屈外旋，小指侧贴近前额部。目视左前上方，眨眼3次。（图5-126）

图5-126

3. 上体右转略左倾；左臂外展，腕屈内旋，拇指侧贴近前额部。目视右前上方，眨眼3次。（图5–127）

4. 左钩手下落于右钩手内侧，两虎口相对；同时，下颌内含。两手连续十指伸屈，作挠痒状。低头，目视两手。（图5–128）

图5–127

图5–128

5. 上体略右倾；右钩手上举，小指侧贴近前额部，钩尖向下；同时，左钩手收至左肋侧。目视左前上方。（图5–129）

6. 上体右转略左倾；右钩手上举，掌棱小指侧贴近前额部；右钩手收至右肋侧。目视右前上方，眨眼3次。（图5–130）

图5–129

图5–130

7. 上体左转略右倾；右钩手上举，拇指倒贴近前额部；左钩手收至左肋侧。目视左前上方，眨眼3次。（图5-131）

8. 右钩手下落于左钩手外侧，两虎口相对；同时，下颌内含。两手连续十指伸屈，作挠痒状。低头，目视两手。（图5-132）

图5-131

图5-132

9. 两手上举至肩后，手心向下，掐捏揉按肩部筋肌十数次。（图5-133）

图5-133

二十一、白猿伸腰

【练法】

1. 身体起立，含胸、拔背、收腹；左脚向左前上一步，两脚左右开立与肩同宽，两膝微屈，缩身；同时，两手成钩手下落至小腹两侧，钩尖向里。目视前下方。（图5–134）

2. 两手背相对缓缓上提。当手提到头顶上方时，仰面，目视钩手。（图5–135）

图5–134

图5–135

3. 两臂外旋，两钩尖翻转向上，手背相对，缓缓下落于两膝前方；同时，身体渐渐前屈。目视两手。（图5–136）

图5–136

4. 身体起立，含胸、拔背、收腹；两钩手提于小腹前，钩尖向后。目视前方。（图5–137）

图5–137

二十二、仙鹤出云

【练法】

1. 左脚经右脚前向右侧方上一步，以两脚掌为轴，身体左转180°，重心落至左腿，左腿挺膝直立；右腿在后伸直，脚尖点地；同时，两手成“鹤翅掌”。右掌经体前上举过头，右臂撑直，掌心向前；左掌下落至左胯后侧方，左臂后伸，掌心向后。目视前方。（图5-138）

2. 两臂同时向前立抡一周。随后，上体前屈，两腿屈膝；同时，右掌下落摸左脚前地面；左掌后抬，掌心向下，指尖向后。目视右掌。（图5-139）

图5-138

图5-139

3. 左腿挺膝蹬直，右腿伸膝后抬，脚底向上，脚尖向后；同时，抬头、挺胸、塌腰；两臂伸直后摆，掌心向上，成燕势平衡状。目视正前方。（图5-140）

图5-140

4. 右脚下落至右侧方，挺膝直立，上体右转，重心落至右腿；左腿在后伸直，脚尖点地；同时，左掌经体前上举过头，左臂撑直，掌心向下，指尖向前；右掌下落至右胯后，掌心向上，指尖向后。目视前方。（图5-141）

图5-141

5. 两臂同时向前立抡一周。随后，上体前屈，两腿屈膝；同时，左掌下落摸右脚前地面；右掌后抬，掌心向里，指尖向上。目视左掌。（图5-142）

图5-142

6. 右腿挺膝蹬直，左腿伸膝后抬，脚底向上；同时，抬头、挺胸、塌腰；两臂伸直后摆，掌心向上，成燕势平衡状。目视正前方。（图5-143）

图5-143

二十三、白鹤盘翅

【练法】

1. 左脚下落，向前一步，左膝挺直，重心落至左腿；右腿在后伸直，脚尖点地；同时，两臂下落，再向体侧平举，掌心向下。目视前方。（图5–144）

2. 上体前倾左转，两腿交叉屈膝全蹲，左脚在前，全脚掌着地；右脚跟离地，成左歇步；同时，右掌向下、向左上划弧半周至右颌前，掌心向下；左掌向右、向下、向后划弧半周至体后伸臂，略高于肩，掌心向上，虎口向后。目视左掌。（图5–145）

图5–144

图5–145

3. 身体起立，右脚向前一步，右膝挺直，脚尖点地；重心落至右腿，左腿伸直；同时，两臂下落，再向体侧平举，掌心向下。目视前方。（图5–146）

4. 上体前倾右转，两腿交叉屈膝全蹲，右脚在前，全脚掌着地；左脚跟离地，成右歇步；同时，左掌向下、向右上划弧半周至左额前，掌心向外；右掌向左、向下、向后划弧半周至体后伸臂，略高于肩，掌心向上，虎口向后。目视右掌。（图5–147）

图5–146

图5–147

二十四、白鹤展翅

【练法】

1. 右腿挺膝直立；左腿屈膝提起，脚尖向下，成右独立步；同时，两臂屈肘下落，两掌收至胯侧，指尖向下，掌心向前。目视前方。（图5-148）

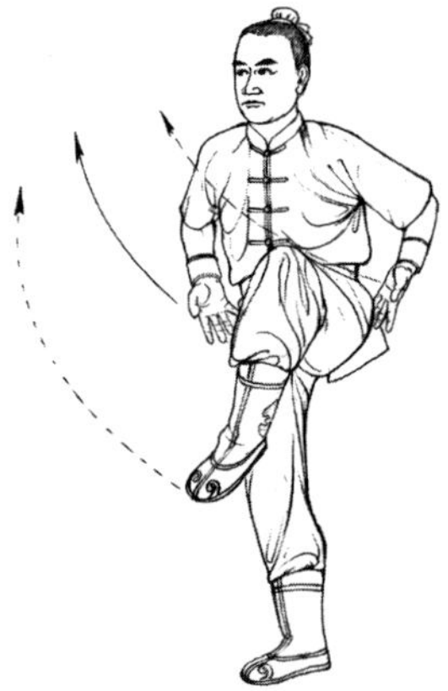

图5-148

2. 左腿向前平伸，脚尖向上，高与腹平（也可向前上弹出，两掌拍击脚背）；同时，两掌指尖相对向前平伸，高与肩平，虎口向下。目视前方。（图5-149）

图5-149

图5-149附图

3. 重心前移，左脚向前落步，挺膝直立；右腿屈膝后抬，脚尖向下，高与右膝弯平；同时，两掌左右分开，展臂如鹤飞展翅，掌心向下。目视前方。（图5-150）

4. 左腿屈膝下蹲；右脚下落于左脚内侧，脚尖点地；同时，两掌下沉，略低于肩，掌心向下。目视前方。（图5-151）

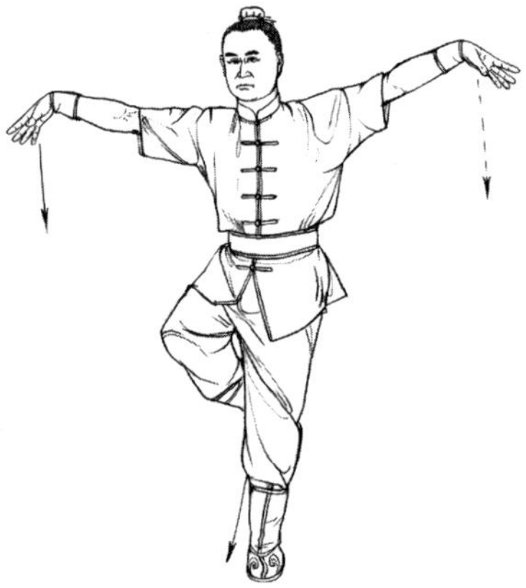

图5-150

图5-151

重复练习图5–148 ~ 图5–151动作3次。

5. 左腿挺膝直立；右腿屈膝提起，脚尖向下，成左独立步；同时，两臂屈肘下落，两掌收至胯侧，指尖向下，掌心向前。目视前方。（图5–152）

6. 左腿独立，右腿向前踢出，高与胸平，脚尖向上；同时，两掌指尖相对向前平伸，虎口向下。目视前方。（图5–153）

图5–152

图5–153

7. 重心前移，右脚向前落步，挺膝直立；左腿屈膝后抬，脚尖向下，高与左膝弯平；同时，两掌左右分开，展臂平肩，掌心向下。目视前方。（图5–154）

8. 右腿屈膝下蹲；左脚下落于右脚内侧，脚尖点地；同时，两掌下沉，略低于肩，掌心向下。目视前方。（图5–155）

重复上述图5–152 ~ 图5–155动作3次。

图5–154

图5–155

二十五、仙鹤夺食

【练法】

1. 左脚向左前方上步，屈膝半蹲，成左弓步；同时，两掌经腰侧划弧向前伸臂，两掌指尖相对，掌心向前，虎口向下，高与肩平。目视前方。（图5–156）

2. 重心后移坐于右腿，右腿屈膝半蹲；左腿蹬直，成左右弓步；同时，两臂向左右平展，掌心向外，指尖向前。目视左斜前方。（图5–157）

图5–156

图5–157

3. 右脚向右前方上步，屈膝半蹲，仍成右弓步；同时，两掌经腰侧划弧向前伸臂，两掌指尖相对，掌心向前，虎口向下，高与肩平。目视前方。（图5–158）

图5–158

4. 重心后移坐于左腿，左腿屈膝半蹲，成左弓步；同时，两臂向左右平展，掌心向外，指尖向前。目视右前方。（图5–159）

图5–159

二十六、鹤飞平湖

【练法】

1. 左脚上步，落至右脚内侧，脚尖点地，两膝微屈，成左丁步；同时，两掌外旋下落，在腹前交叉（左掌在上、右掌在下）指尖斜向前下方，掌心向上。目视正前方。（图5-160）

2. 左腿屈膝上提，脚尖向下；右腿伸膝直立，成右独立步；同时，两臂经体侧向上平举，掌心向下，略高于肩。目视前方。（图5-161）

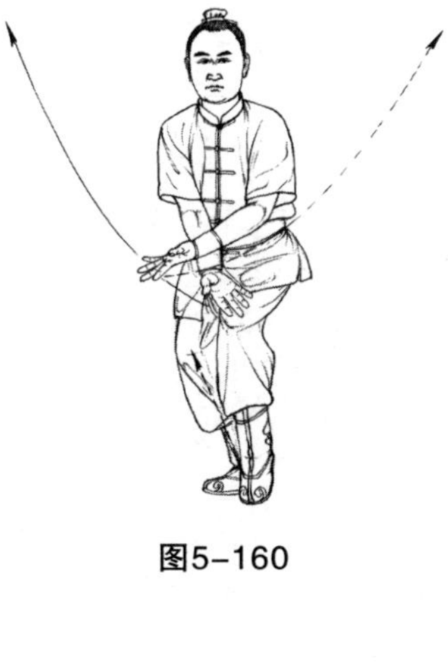

图5-160

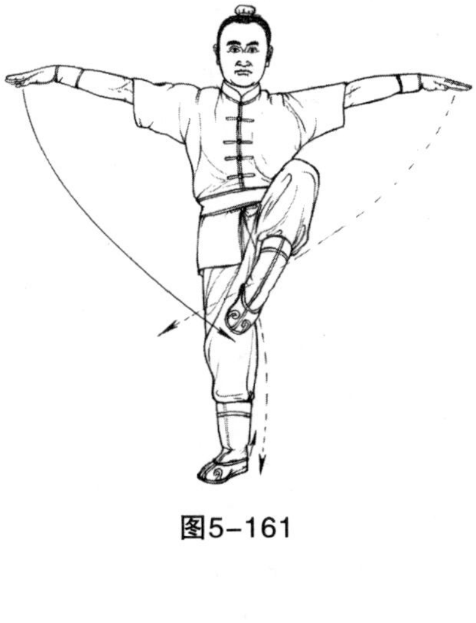

图5-161

3. 左脚下落，两腿屈膝下蹲；同时，两掌在体侧缓缓下落至腹前交叉，左掌在外，右掌在下，掌心向上，虎口向前。目视前下方。（图5-162）

4. 右腿屈膝上提，脚尖向下；左腿伸膝直立，成左独立步；同时，两臂经体侧向上平举，掌心向下，略高于肩。目视前方。（图5-163）

图5-162

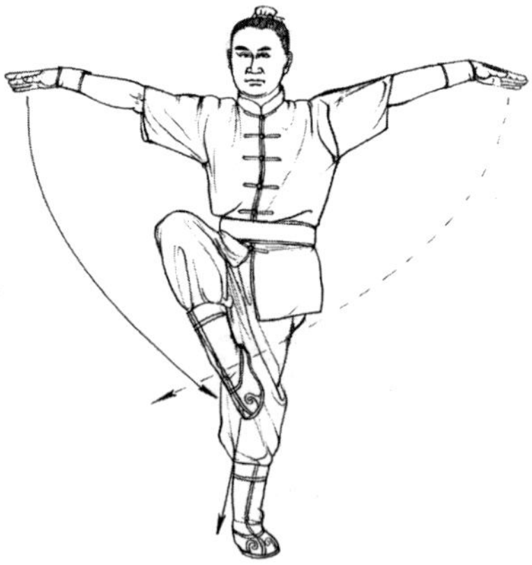

图5-163

5. 右脚下落，两腿屈膝下蹲；同时，两掌在体侧缓缓下落至腹前交叉，左掌在上，右掌在下，掌心向上。目视前下方。（图5-164）

6. 两掌交叉在体前翻转上举至头上方，右掌仍在下，掌心向下；同时，左腿屈膝上提，脚尖向下；右腿伸膝直立，成右独立步。目视前方。（图5-165）

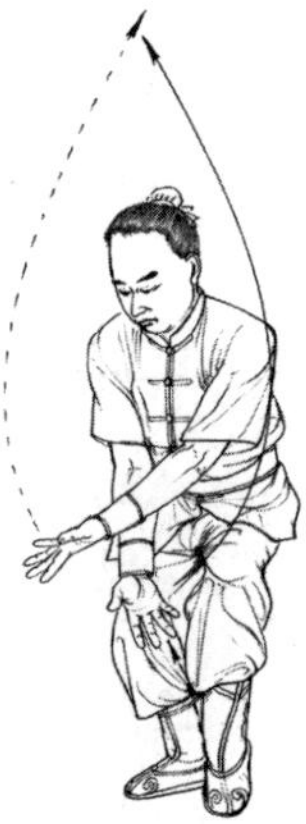

图5-164

图5-165

7. 左脚下落，两腿屈膝下蹲；同时，两掌在体侧缓缓下落至腹前交叉，左掌在上，右掌在下，掌心向上。目视前下方。（图5-166）

8. 两掌交叉在体前翻转上举至头上方，右掌仍在下，掌心向下；同时，右腿屈膝上提，脚尖向下；左腿伸膝直立，成左独立步。目视前方。（图5-167）

图5-166

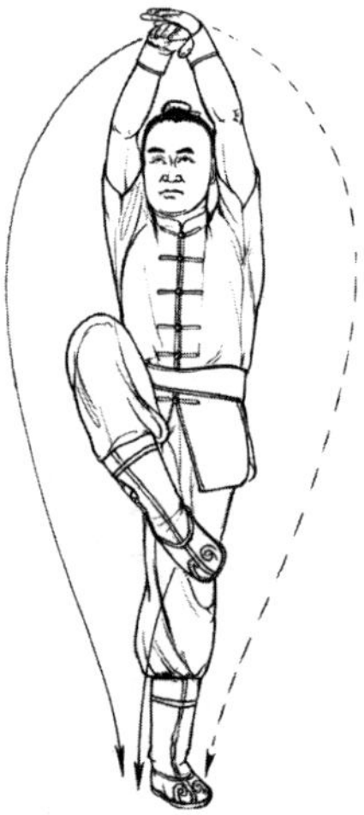

图5-167

9. 右脚落地，两腿屈膝全蹲；两掌左右分开经体侧下落于两踝外侧，指尖向下，掌心向里。目视前下方。（图5-168）

图5-168

二十七、收势

【练法】

1. 两腿伸膝，正身直立；两掌向前交腕于胸前，左掌在前，指尖斜向上，两臂成环状。目视前方。（图5-169）

2. 两掌向左右展臂分开，腕高平肩，掌心向外，指尖向上。目视左掌方。（图5-170）

图5-169

图5-170

3. 两掌向胸前合拢，右掌变拳与左掌抱于胸前。目视前方。（图5–171）

4. 右拳变掌，与左掌同时放下，垂于体侧；放松身体，调匀呼吸。全拳收功。（图5–172）

图5–171

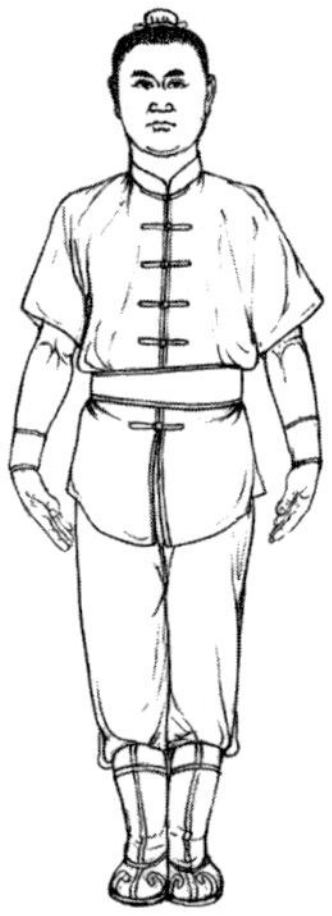

图5–172

注：

五禽内功拳，作为拳法，必有攻防元素，暗含五禽招法。如虎扑、虎抓，鹿闪、鹿踢，熊撞、熊靠，猿叼、猿袭，鹤啄、鹤抖等，丰富多彩。本书专述功夫，其招法不再解析，请读者自行体悟。